JN278015

TOEFL®テスト
ITP〔団体受験〕
文法完全攻略

TOEFL is a registered trademark of Educational Testing Service (ETS). This publication is not endorsed or approved by ETS.

模擬試験まるごと7回分

監修・解説
岩村　圭南

問題作成
ICU TOEFL®テスト問題研究会

アルク
www.alc.co.jp

はじめに

　TOEFL テストは、紙ベースのテスト（PBT: Paper-based Test）として始まり、日本では 2000 年よりコンピューターベースのテスト（CBT: Computer-based Test）に一部移行した。その後、さらにコンピュータ化が進み、今年（2006 年）からは、インターネットとコンピューターを利用したテスト（iBT: Internet-based Testing）が導入されることになった。その一方で、TOEFL ITP (Institutional Testing Program)と呼ばれる PBT の過去問題を再利用した団体向けのテストが存在している。採用大学・団体は 450 を越え、年間 15 万人以上が受験している（2006 年 3 月現在）。TOEFL ITP は、大学における語学の授業のクラス分けや単位認定、大学院の入試にも採用されるなど、留学のための英語力判定試験という枠を超え、広くアカデミックな英語能力を測定する試験として認知されつつある。

　本書は、1995 年に PBT 向けに制作・出版された『新 TOEFL®文法大特訓』を改訂した問題集である。TOEFL ITP に完全準拠し、問題演習をとおしてどの程度実力がアップしたかがわかるように、次のような構成になっている。

　　（1）PRIMARY TEST で実力診断
　　（2）各パートの問題攻略法及び出題傾向の分析・解説
　　（3）Practice Tests で問題演習
　　（4）FINAL TEST で最終チェック

　本書により読者の皆さんの英語力がアップすることを心から願っている。最後になったが、本書の刊行に当たって、いろいろと貴重なご意見を寄せていただいた方々に、この場を借りて感謝の意を表したい。

監修者　岩村圭南

CONTENTS

TOEFL ITP とは —————————————————————————6
本書の効果的な活用法 ————————————————————8

Chapter 1 まず実力・弱点をチェック

PRIMARY TEST を受けるにあたって ——————————————12
PRIMARY TEST ————————————————————————13
　　PRIMARY TEST 解答・解説 ——————————————————24
　　Primary Checkpoints ————————————————————35

Chapter 2 基礎編 問題はこうして解く

問題アプローチ法 ————————————————————————38
Part A 完全攻略・解法キーワード 10 ——————————————43
Part B 完全攻略・解法キーワード 10 ——————————————65

Chapter 3 実戦編 練習問題で実力アップ

Practice Test 1 —————————————————————————88
Practice Test 2 ————————————————————————106
Practice Test 3 ————————————————————————126
Practice Test 4 ————————————————————————144

Chapter 4 仕上げのテストで成果をチェック

FINAL TEST を受けるにあたって ――――――――――――162
FINAL TEST――――――――――――――――――――163
　　FINAL TEST 解答・解説 ―――――――――――――174
　　Final Checkpoints ―――――――――――――――186

★★★★★★

体験談・わたしの TOEFL 受験アドバイス――――64／124／125／143

★★★★★★

Answer Sheet（PRIMARY TEST／FINAL TEST）――――――189
TOEFL 得点換算表 ――――――――――――――――34／185

TOEFL ITP とは

　TOEFL（Test of English as a Foreign Language）テストは英語を母語としない人が海外の大学・大学院に入学を希望する際に課せられる英語能力判定試験で、アメリカの教育機関である ETS（Educational Testing Services）が実施している。TOEFL ITP（Institutional Testing Program）は、TOEFL テストの団体受験用試験で、主に大学・短期大学、高校でのクラス分けや大学院入試に利用されている。交換留学の選考で求められることも多いが、TOEFL ITP のスコアは試験実施団体内でのみ有効で公的には認められない。そのため、交換留学以外で留学を希望する場合は、本試験として実施される TOEFL iBT（Internet-based Testing）を受験する必要がある。

● TOEFL ITP の出題形式 ●

　TOEFL ITP には 2 種類ある。ひとつは TOEFL PBT（Paper-based Test）（2006年 4 月の情報では 2006 年内に終了予定）で過去に実施された試験問題から出題される Level 1 TOEFL と、もうひとつは Level 1 TOEFL の難易度を下げた Level 2 Pre-TOEFL で、本書は Level 1 を対象としている。試験は、リスニング、文法、リーディングの 3 つのセクションから成る。もともとは海外の大学・大学院で学ぶのに必要な英語力の測定を目的としているだけに、アカデミックでハイレベルな問題内容となっている。試験の構成と流れは以下の通り。TOEFL iBT で実施されるライティング、スピーキングセクションは TOEFL ITP では出題されない。

準備時間【約 20 分】
Section 1: リスニングセクション（**Listening Comprehension**）
【計 50 問、所要時間：約 35 分】
　　Part A:短い会話を聞き、その内容に関する質問に答える（30 問）
　　Part B:長めの会話文（2 つ）を聞き、その内容に関する質問に答える（8 問）
　　Part C:長めの話や講義の一部などを聞き、その内容に関する質問に答える。
　　　　　聞き取る英文は 3 つ（12 問）
Section 2: 文法セクション（**Structure and Written Expression**）
【計 40 問、所要時間：25 分】
　　Structure: 英文の空所に適切な語句を補充する（15 問）
　　Written Expression: 英文中の間違いを指摘する（25 問）
Section 3: リーディングセクション（**Reading Comprehension**）
【計 50 問、所要時間：55 分】
　　200 語から 300 語程度の英文を読み、その内容及び本文中の語彙に関する質問に答える。出題される英文は 5 つ程度（50 問）

解答用紙とテスト用紙の回収及び確認【約 20 分】

●受験上の注意と採点方式●

1) TOEFL ITP はすべて 4 者択一の試験問題で、解答はマークシート方式。
2) 試験時間は約 2 時間だが、氏名の記入や問題・解答用紙の回収などを含めると試験終了まで 2 時間半ほどかかるとみてよい。途中休憩はない。
3) 解答は HB の鉛筆を使って、解答用紙の正解と思われる箇所を塗りつぶす。解答用紙、問題用紙への書き込みは一切禁止されている。書き込みが発見されると試験を採点してもらえない可能性もあるので注意を要する。
4) 全セクションの合計スコアは最高 677、最低 310 で、各セクションごとに正解数を変換し、セクション別のスコアを算出。それらを合計して 10 を掛け、3 で割った数で表される。ETS から送られてくる SCORE REPORT には変換後の各セクションの得点と全体のスコアが記載されている。たとえば下記の例では、スコアは 46+54+50=150　(150×10)÷3=500 と算出されたものである。

Section1	Section2	Section3	Total
46	54	50	500

5) 実際に、500、550、600 を取るには、各セクションでそれぞれ何問くらい正解する必要があるか、従来のデータをもとにした目安は以下の通り。

スコア	Section1	Section2	Section3
500	30	28	31
550	37	32	37
600	43	35	43

6) ちなみに 625 以上のスコアはネイティブスピーカー並みの英語力と判断されている。
7) TOEFL ITP の問題は、ある言語圏や文化に偏りなく作成されており、特定分野の専門知識は必要とされない。しかし、内容的には高校 2 年生以上の知識が英語力とは別に必要である。
8) TOEFL ITP は団体が実施する試験であるため、個人での受験申し込みはできない。学校や企業など所属団体に問い合わせ、そこから申し込む必要がある。

本書の効果的な活用法

　本書は「繰り返し出題される問題のパターンを把握した上で、問題を数多く解きながら TOEFL ITP（以下本書では TOEFL とする）グラマー・セクション攻略法を体得する」ことを目指している。この目的を達成するために、本書にはシミュレーション問題を含めると、全 290 問が収録されている。これは実際のテストの 7 回分を上回る問題数である。より能率的に問題攻略法が身につくように、本書は以下のような構成になっている。

1) PRIMARY TEST（Structure and Written Expression: Part A 15 問、Part B 25 問）
2) Primary Checkpoints
3) 【基礎編】出題傾向および問題攻略法解説
　　Part A　完全攻略・解法キーワード 10
　　　　　　シミュレーション問題：20 問
　　Part B　完全攻略・解法キーワード 10
　　　　　　シミュレーション問題：30 問
4) 【実戦編】テーマ別問題演習
　　　　　　Practice Test 1：Part A 15 問、Part B 25 問
　　　　　　Practice Test 2：Part A 15 問、Part B 25 問
　　　　　　Practice Test 3：Part A 15 問、Part B 25 問
　　　　　　Practice Test 4：Part A 15 問、Part B 25 問
5) FINAL TEST（Structure and Written Expression: Part A 15 問、Part B 25 問）
6) Final Checkpoints

　さて、ここで本書の効果的な活用法を簡単に紹介しておこう。次の要領で学習を進めていただきたい。
1) 指示にしたがって、PRIMARY TEST を受ける。時間（25 分）を厳守する。
2) 試験終了後、解答および解説を参考にして、自己採点をする。
3) テスト結果を基に、Primary Checkpoints で自分の弱点をチェックする。
4) 【基礎編】で Part A および Part B の出題傾向をシミュレーション問題を解きながら把握する。
5) 【実戦編】で各テストに設けられたテーマを意識しながら Practice Tests に取り組む。
6) 問題を解いた後は、必ず解説を参考にして、できなかった箇所をチェックする。また、難しい文法項目は、文法書などで復習をしておく。その日に学習した内容（単語、表現、文法事項、問題解法のコツなど）は必ずノートに記入し整理しておくように心掛ける。

7) FINAL TEST 受験。実際の試験を受けるつもりで、問題に取り組む。テストを受ける前に、再度 Part A、Part B 攻略のためのキーワードに目をとおし、Practice Tests で間違った問題をチェック。さらに、学習事項が整理してあるノートを読み返しておく。
8) FINAL TEST の結果を自己採点する。解説を読みながら、間違った箇所のチェックを必ずしておく。
9) テスト結果を基に、Final Checkpoints で問題点の整理。
10) 後は TOEFL 受験を待つのみである。

★★★ まず実力・弱点をチェック

PRIMARY TEST を受けるにあたって
PRIMARY TEST
Primary Checkpoints

Chapter 1

PRIMARY TESTを受けるにあたって

まずは現在の実力および弱点のチェックからスタート！ 下記の指示に従ってPRIMARY TESTを受けてみよう。

●受験上の注意●

(1) 濃いめの鉛筆を用意する。
(2) 巻末の解答用紙 (Answer Sheet) を切り取って使用する（コピーをしてもよい）。
(3) 途中で邪魔が入らないように注意する。
(4) 問題形式は以下のとおり。
　　Part A　問題文の空欄に入れるのに最もふさわしい語（句）を4つの選択肢の中からひとつ選ぶ。（15問）
　　Part B　問題文の下線部（A～D）の中から誤りを1カ所指摘する。（25問）
(5) 与えられた時間は25分である。途中で休憩をとってはいけない。
　　注) Part A 修了後、どのくらい時間がかかったかをメモしておくこと。

　準備はいいだろうか。各パートのはじめに問題解説があるが、問題の形式はすでにおわかりのはず。改めて読む必要はないだろう。気になるのなら、テストをはじめる前に、あらかじめ解説の部分に目をとおしておいてもかまわない。
　では、はじめよう！

PRIMARY TEST

SECTION 2
STRUCTURE AND WRITTEN EXPRESSION
Time - 25 minutes

This section is designed to measure your ability to recognize language that is appropriate for standard written English. There are two types of questions in this section, with special directions for each type.

Part A

Directions: Questions 1-15 are incomplete sentences. Beneath each sentence you will see four words or phrases, marked (A), (B), (C), and (D). Choose the one word or phrase that best completes the sentence. Then, on your answer sheet, find the number of the question and fill in the space that corresponds to the letter of the answer you have chosen. Fill in the space so that the letter inside the oval cannot be seen.

Example 1   Sample Answer

                                                              (A) (B) ● (D)

The recognition of the importance of Henry James ········ literary figure did not emerge in America until after the first World War.

(A) for a
(B) to a
(C) as a
(D) from a

In English, the sentence should read, "The recognition of the importance of Henry James as a literary figure did not emerge in America until after the first World War." Therefore, you should choose answer (C).

Go on to the next page ➡ 13

Example 2   Sample Answer

········ that the pneumatic tire was invented.   ● Ⓑ Ⓒ Ⓓ

(A) It was in 1878
(B) In 1878 it was
(C) 1878 was when
(D) When in 1878

In English, the sentence should read, "It was in 1878 that the pneumatic tire was invented." Therefore, you should choose answer (A).
Now begin work on the questions.

1. ········ in the form of bog iron is quite plentiful, widespread, and easy to obtain.
   (A) Iron
   (B) Of the iron
   (C) It is iron
   (D) There is iron

2. Snakes can swallow animals much larger than their heads ········ the bones of their jaws can be stretched far apart.
   (A) that
   (B) due to
   (C) because
   (D) in order to

3. Deserts ········ the continents of the world and make up about 14 percent of its total land mass.
   (A) all found in
   (B) found in all
   (C) are found in all
   (D) which are found in all

4. The English elm tree, ········, has been widely planted in North America.
   (A) it is a native of Europe
   (B) a native of Europe
   (C) that is a native of Europe
   (D) being a native of Europe

5. In addition to the African sculpture made of wood, metal, or clay, ··········less enduring form in fabric, beads, feathers, wax, and so on.
   (A) all kinds of
   (B) there are kind of
   (C) all kinds there are of
   (D) there are all kinds of

6. Airports must be located ········ to major population centers if air transport is to retain its advantage of speed.
   (A) as possible as near
   (B) near as possible
   (C) as near possible as
   (D) as near as possible

7. The American poet Amy Lowell began ········ seriously to poetry at 28, but published nothing until she was 36.
   (A) to devote herself
   (B) devoting her
   (C) her devoting
   (D) devote herself

8. The Egyptians believed that the spirit of a dead person could use ········ articles as that person had used on earth.
   (A) just
   (B) so just
   (C) just so
   (D) just such

9. The growing of plants for food is a newer human phenomenon; the hunting of animals, on the other hand, is ········.
   (A) older
   (B) an old
   (C) oldest
   (D) the oldest

10. Limestone is a hard and lasting building material ········ and shaped with saws and other tools.
    (A) is easy to be cut
    (B) easily cutting
    (C) which can be easily cut
    (D) easily can be cut

11. People use arithmetic so frequently in everyday life ········ think about it.
    (A) that they ever
    (B) hardly they ever
    (C) that they ever hardly
    (D) that they hardly ever

12. A worker on an assembly line often uses a blueprint of an assembly drawing, which shows how various parts of a machine ········
    (A) are to be put together
    (B) put together
    (C) are putting together
    (D) to put together

13. The original process ········ was carried out by printing an image from a porous stone slab.
    (A) called lithography
    (B) it is called lithography
    (C) which is lithography
    (D) is lithography

14. Not until the microscope was greatly improved ········ progress rapidly.
    (A) the study of plant anatomy did
    (B) did the study of plant anatomy
    (C) was the study of plant anatomy
    (D) the study of plant anatomy will

15. ········, one of the important contributors to airplane design was Louis Bleriot.
    (A) Next the Wright brothers
    (B) After the Wright brothers
    (C) Being after the Wright brothers
    (D) He is after the Wright brothers

Part B

Directions: In questions 16-40 each sentence has four underlined words or phrases. The four underlined parts of the sentence are marked (A), (B), (C), and (D). Identify the one underlined word or phrase that must be changed in order for the sentence to be grammatically correct. Then, on your answer sheet, find the number of the question and fill in the space that corresponds to the letter of the answer you have chosen.

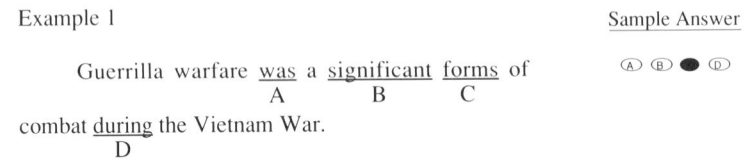

Example 1   Sample Answer

    Guerrilla warfare <u>was</u> a <u>significant</u> <u>forms</u> of   Ⓐ Ⓑ ● Ⓓ
                       A   B   C
combat <u>during</u> the Vietnam War.
      D

    The word <u>forms</u> is incorrect, as the subject, guerrilla warfare, is singular. Since this word should be corrected to read <u>form</u>, the answer to this example is (C).

Example 2   Sample Answer

    Obesity <u>is</u> not <u>the result of</u> <u>consuming</u> too <u>much</u>   Ⓐ Ⓑ Ⓒ ●
            A   B   C   D
carbohydrates.

    Answer (D), the underlined word <u>much</u>, would not be acceptable in carefully written English; <u>many</u> should be used because the object, carbohydrates, is a countable noun. Therefore, you should choose answer (D).

Now begin work on the questions.

16. The audible range of frequencies for human beings lies between 20 and 20,000
        A   B
    Hz, but some animals have a much more wider range of hearing.
             C   D

17. Jellyfish swim by a kind of jet propulsion, alternately opening and shutting the
                    A   B
    bell and so thrusted themselves through the water.
              C   D

18. All animals, from the microscopically protozoan amoeba to the huge African
                A   B   C
    elephant, share the same essential requirements.
                      D

19. The calculator has largely replaced the manual calculation of sums in division,
              A   B   C
    multiplication, subtraction, and adding.
              D

20. In the state university system, professors look forward to take one sabbatical
     A   B   C
    every seven years.
        D

21. The early British settlers in North America were, for the most part, English
                     A   B
    loyalists, and they never considered them as independent Americans.
              C   D

22. The growth of plants can also be greatly influencing by applying materials
        A   B   C
    known as plant hormones.
          D

23. One of the main responsibilities of the successful business manager is to give
      A   B
    good advices to his or her subordinates.
        C   D

Go on to the next page

24. The most common type of treatment for bacterial infection it is antibiotics.
        A   B   C   D

25. Banks are only the part of the interlocking system of financial institutions that
                         A   B
    characterizes the modern monetary economy.
         C   D

26. That year the union leaders pressed for, among other demands, a two-weeks
        A   B   C
    summer vacation for all workers.
                     D

27. Until the early 1950's it was generally believed that a child, at least for the first
       A   B   C
    few months of life, was capable of only dim appreciating physical sensation.
                                                D

28. The English colonists what settled on Roanoke Island in 1585 had hard times
          A   B   C
    in the New World.
      D

29. Because its deep water harbor and strategic importance, Pearl Harbor is one of
        A   B   C
    the biggest U.S. naval bases.
                           D

30. Thomas Malthus claimed that the human population was growing faster than the
                                          A   B
    supplies of food needed to keep them alive.
         C   D

31. When the Civil War broke out, neither the North nor the South were prepared
                          A   B
    for the bloodshed and turmoil the following years of conflict would bring.
             C   D

32. In democratic societies, many laws have their originality in decisions made
    　　A　　　　　　　　　　　　　　B
    by judges presiding over trials in a courtroom.
    　　C　　　　　　　　　　　　D

33. The modern dog evolved as a resulting of both natural selection
    　　　　　　　　　　　　A　　　　B
    in the environment and selective breeding by humans.
    　　C　　　　　　　　　　　　D

34. In theory, UN membership is open to all peace-loving states that they accept the
    　　A　　　　　　　　　　　　B　　　　　　　　　　　　C
    obligations of the charter.
    　　　　　D

35. Hearing specialists have pointed out that the noisy and loud music at rock
    　　　　　　　　　A　　　　　　　　　B　　　　　　C
    concerts can often cause a temporary hearing loss.
    　　　　　　　　　　　D

36. Purple loosestrife is a growing-fast plant with purple flowers and a long stem
    　　　　　　　　　　　A　　　　　　　　　B
    found in marshlands throughout the north central states.
    　　C　　　　　　　D

37. The quantity of heat that rises the whole bulk of a substance by 1 ℃ is called its
    　　　　A　　　　　　B　　　　　　　　C　　　　　　　　　　D
    thermal capacity.

38. Between 1955 and 1975 the Western Powers and the Soviet Union moved from
    　　A　　　　　　　　　　　　　　　　　B　　　　　　　　　　　C
    the conflicts of the cold war and the beginning of cooperation.
    　　　　　　　　　　　　D

39. Emotional patterns have a greatest deal to do with an individual's success
    　　　　　　　　　　　A　　　　　B　　　　　C
    in solving personal problems.
    　　D

40. The female lobster lays from 5,000 to 10,000 eggs and normally breeds
    A   B   C
    every another year.
    D

Chapter 1

まず実力・弱点をチェック

PRIMARY TEST 解答

Part A 【解答：Questions 1 - 15】

1. A	2. C	3. C	4. B	5. D	6. D	7. A	8. D	9. A	10.C
11.D	12.A	13.A	14.B	15.B					

Part B 【解答：Questions 16 - 40】

16.D	17.C	18.A	19.D	20.C	21.D	22.B	23.C	24.D	25.A
26.C	27.D	28.B	29.A	30.D	31.B	32.B	33.A	34.C	35.B
36.A	37.B	38.D	39.A	40.D					

PRIMARY TEST 解説

● Part A ●　Questions 1-15 解説

1.**POINT**　問題文のbe動詞に注目してほしい。is quite〜となっている。したがって、空欄にはこの文の主語が入ることになる。選択肢を見てみよう。(C)(D)にはisがあるので、このふたつは除外できる。(A)か(B)か？　(B) Of the ironが主語にはならないのは明らかだ。(A)Ironが正解となる。
   CHECK □ bog iron「沼鉄鉱」□ plentiful「豊富である」□ widespread「あちこちに広がった」□ obtain「手に入れる」

2.**POINT**　問題文はSnakes can swallow〜ではじまっている。空欄の後にも文が続いている。空欄には接続詞が入る可能性が大である。前半の意味を確認してみよう。「蛇は自分の頭よりもずっと大きな動物を飲みこめる」。この後でその理由が述べられている。due toが正解ではないかと迷うかもしれない。しかし、due toの後に文がくることはないので、becauseが入ることになる。
   CHECK □ swallow「飲みこむ」□ jaw「あご」□ stretch「大きく開ける」

3.**POINT**　問題文のandの後には動詞makeがある。このことから空欄には動詞を含む語句が入ると予測できる。どの選択肢にも動詞があるが、関係代名詞を含んでいる(D)は除外していい。残りの選択肢を見てみよう。正解を見つけるには意味をしっかりと把握しなければならない。Desertsのすぐ後にfoundが続くとどういう意味になるか。「砂漠が〜を見つけた」では意味をなさないことがすぐにわかるはずである。Deserts are found〜となってはじめて英文が成立する。
   CHECK □ continent「大陸」□ make up「構成する」□ total land mass「陸地全体」

4.**POINT**　この文の主語はThe English elm tree、動詞はhas beenである。では空欄にはどのような語句が入るのか。空欄の前後にカンマ(,)があるということは、主語を補足する語句が入る可能性が高いと予測できる。名詞がくるのか、関係代名詞がくるのか。正解は(B)なのだが、なぜ(C)のthat is a native of Europeではだめなのかを考えてみよう。ポイントはカンマである。関係代名詞thatには前にカンマを伴う非制限用法はないことを思い出してほしい。
   CHECK □ English elm tree「欧州ニレの木」□ a native of〜「〜土着の動植物」□ plant「植える」

5.**POINT**　In additionからclayまでは前置詞句である。したがって空欄には主語

25

と動詞が入ると考えられる。まず(A)には動詞がないので、これを除き、残りの選択肢をチェックしてみよう。(B)は there are に対して kind が単数になっている。これは不適当だ。(C)の語順では意味をなさない。(D)there are ～としてはじめて意味がとおる文となる。

CHECK □ sculpture「彫刻」□ clay「粘土」□ enduring「長持ちする」□ fabric「布」□ wax「ロウ」

6 .**POINT** まずは選択肢をチェックしてみよう。as ～ as possible のパターンが問題になっているようだ。この点を押さえて問題文を見てみる。英文の前半の意味は「飛行場は人口が集中した地域にできるだけ近い場所に建設されなくてはならない」となるはずである。では、どのような語順にすればよいのか。as near to major population centers as possible としたいところだが、as と as の間に入る語句が少し長すぎる。このような場合には、as near as possible to ～として、文のバランスをとるようにすればよい。

CHECK □ population「人口」□ air transport「航空輸送」□ retain「保持する、確保する」

7 .**POINT** began と published の主語は Amy Lowell であることはすぐにわかる。動詞 begin の用法に注目してみよう。begin は目的語として to ～ (不定詞)、～ing (動名詞)の両方をとるが、動詞の原形が続くことはない。したがって(D)は除外できる。(C)の語順も不自然である。(A)か(B)か。(B)の her とは誰のことか。Amy Lowell のことである。そうであるならば her は再帰代名詞 herself としなければならない。

CHECK □ poet「詩人」□ devote oneself to ～「～に打ち込む、専心する」□ seriously「熱心に、まじめに」□ publish「出版する」

8 .**POINT** articles の後の as が問題を解くカギを握っている。問題文を見たときに、such ～ as かな、と思ったのではないか。such が含まれている選択肢は(D)だけである。just が気になるかもしれないが、強調のための副詞だと思えば問題はない。ちなみに、as は関係代名詞で前の articles を修飾している。

CHECK □ spirit「霊、魂」□ article「物、物品」□ on earth「この世に（地上に）いる（生きている）」

9 .**POINT** 選択肢から比較構文が問題のポイントになっていることがわかる。is の後に続くのはどれか。older か oldest か。ここで問題文の前半をチェックしてみよう。newer がある。また、後半の文には、on the other hand がある。このことから前半の内容と後半の内容を対比していることがわかる。(A)の older を正解とするのが妥当である。

CHECK □ phenomenon「現象」□ hunting「狩猟」□ on the other hand「それに対して、一方で」

10. **POINT** この問題はかなり手ごわい。空欄以下が前の material にかかっている

ことがわからなければ正解を見つけることは難しい。選択肢を順に当てはめてみよう。(A)はisが重複してしまうのでおかしい。次に、easily cuttingでは意味をなさない。(C)はどうか。which can be easily cut and shaped〜となって前のmaterialを修飾することになる。cut、shapedとも過去分詞である。(D)が入らないのは、isとcan be cutが両立しないことからすぐに判断がつくはずだ。

CHECK □limestone「石灰岩」□lasting「長持ちする」□shape「形づくる」□saw「のこぎり」□tool「道具」

11. **POINT** 問題文には動詞（use, think）がふたつある。空欄には接続詞が入る可能性が大。so frequentlyがあるのでso〜that構文であることがわかる。選択肢(B)にはthatがないが、このthatは省略されることもあるので、ここは冷静に文意を確認した上で、選択肢をひとつずつ見ていこう。「日常生活で頻繁に使うので、めったに考えることはない」。hardlyの位置が重要なポイントとなる。hardly everの語順さえわかれば、正解を見つけることができる。

CHECK □arithmetic「算数」□frequently「頻繁に」□hardly ever〜「めったに〜することはない」

12. **POINT** which shows how〜の意味を考えてみよう。「機械のさまざまな部品がいかに組み立てられるのかを示す」。この意味にするためにはどのような語順にすればよいだろうか。組み立てられる、というからには受け身になるはずである。選択肢を見てみよう。受け身になっているのは(A) are to be put togetherだけである。are toは「（予定を表し）〜をすることになっている」の意。

CHECK □assembly line「組み立てライン」□blueprint「青写真」□drawing「図、製図」□various「さまざまな」

13. **POINT** 空欄の後には動詞が続いている。このことから(B)と(D)が空欄には入らないことがわかる。残りの選択肢を見てみよう。(A)は一見するとおかしいように思えるが、which is called lithographyのwhich isが省略されていると考えれば、これが正解であることに気づく。(C)がなぜ不自然なのかは、空欄にその語句を入れて訳してみればわかるだろう。

CHECK □lithography「石版印刷」□carry out「行う、実施する」□porous「小さい穴がたくさんあいている」□slab「石板」

14. **POINT** 問題文が否定語ではじまっていることに注目してほしい。Not until〜「〜してはじめて」となっているからには、空欄以降の文に倒置が起きているはずである。didとwasが前に倒置されているのは(B)と(C)である。正解はそのどちらかである。progressは「発展する」という意味の動詞である。wasが前に出てくることはない。正解はdid the study〜の(B)ということになる。

CHECK □ microscope「顕微鏡」 □ improve「改良する、改善する」
□ anatomy「詳しい分析調査」

15. **POINT** 空欄以降はSVCでひとつの文としてまとまっている。文意からすると空欄には「ライト兄弟の後」という意味の語句が入ることになる。Nextには「〜の後」という意味はない。(B)After〜これが正解である。(C)Being after〜としては訳がわからなくなる。(D)は論外である。

CHECK □ contributor「貢献者」 □ Lois Bleriot「ルイ・ブレリオ／フランスの飛行家」

● Part B ●　Questions 1 6 - 4 0 解説

16. **POINT** 問題文を読む。まずliesが気になる。しかし、lieにはbe動詞と同じ「ある」という意味があるので問題はない。some animalsがおかしいはずがない。(A)か(D)のどちらかが間違っていることになる。あわてずに下線部(D)を見てほしい。なにかおかしくないか。more widerのmoreが余分なのである。
    CHECK □ audible range「聞こえる範囲」□ frequency「周波数」□ Hz「ヘルツ（周波数の単位）」

17. **POINT** opening以下に注目してほしい。opening ～shutting～ここまではいいが、and so thrustedとここだけ過去形になっている。なにか変だ。問題文をもう一度見直してみよう。Jellyfish swimと現在形になっている。このことから判断してもthrustedと過去形がくるのはおかしいということがわかる。opening、shutting、thrustingは「～しながら」という意味の分詞構文の働きをしているのである。
    CHECK □ jellyfish「くらげ」□ jet propulsion「ジェット推進力」□ alternately「交互に」□ thrust「押し進む」

18. **POINT** うっかりすると見逃してしまいそうな間違いである。問題を解く手掛かりはhugeにある。とはいってもhugeが間違っているわけではない。the huge African elephantには問題はない。microscopicallyを副詞にする必要があるのかを考えてみてほしい。文意からすると「とても小さな～から、とても大きな～まで」となるはずである。microscopicallyはhugeに合わせてmicroscopicalとすべきである。
    CHECK □ protozoan amoeba「原生動物のアメーバ」□ share「共有する」□ essential「必須の」

19. **POINT** TOEFLの文法問題に慣れていればすぐに正解を見つけることができる。後半の名詞をチェックしてみよう。division「割り算」、multiplication「掛け算」、subtraction「引き算」、そしてadding「足し算」…なにかおかしくないか。はじめの3つはすべて名詞形になっているが、最後の語だけが動名詞になっている。これは他の語との形式を統一するためにadditionとしなければならない。この種の問題はTOEFLには頻繁に出題されるので、注意が必要である。
    CHECK □ replace「取って代わる」□ manual calculation「手計算」□ sum「合計、総数」

20. **POINT** 熟語の用法に関する基本的な問題である。look forward to～の用法に注意すれば、まず間違うことはないだろう。このtoは不定詞ではく、前置詞である。したがって、次にくる動詞は～ingと動名詞形にしなくてはならな

い。every seven yearsは「7年ごとに」という意味である。問題はない。
CHECK □ look forward to〜「〜を楽しみにする」□ sabbatical「研究休暇」

21.**POINT** 英文の前半には問題はない。and以下に注目してみよう。代名詞のtheyはsettlersを受けている。they neverの語順にも問題はない。残るはthemである。このthemもsettlersのことである。ということは再帰代名詞themselvesにしなくては文法的に正しくないことになる。
CHECK □ settlers「移住者」□ loyalists「（体制）支持者」□ consider oneself as〜「自分自身を〜と見なす、考える」□ independent「独立した、他に依存することのない」

22.**POINT** 下線部をはじめから順に見ていく。(B)のinfluencingのところでなにか引っかかるものがあるはずである。現在分詞(〜ing)になっているが、その後にbyが続いている。これで意味がとおるだろうか。「〜によって大いに影響されることがある」という意味ならば、can be greatly influenced by〜と受け身形にすべきである。
CHECK □ growth「成長、成育」□ apply「用いる」□ plant hormones「植物ホルモン」

23.**POINT** 出だしのOne ofには問題はない。successfulはどうか。これも間違ってはいない。下線部(C)はgood advicesとなっている。adviceは不可算名詞なので複数形にはできない。これが間違いである。(D)のhis or herは、部下には男性も女性もいるはずなので、こういう表現を使う。問題はない。
CHECK □ responsibility「責任」□ successful「成功した」□ subordinate「部下」

24.**POINT** 問題文の動詞はisである。そうすると主語はThe mostからitまでということになる。このitがどうも収まりが悪い。infectionは名詞のはずだ。ならばその後に代名詞のitがくるのはおかしい。もう一度主語を見直してみよう。やはり、このitが余分である。
CHECK □ treatment「治療」□ bacterial infection「細菌による感染」□ antibiotics「抗生物質」

25.**POINT** 英文をチェックする。まず疑わしいのは(C)のcharacterizesである。関係代名詞thatがinstitutionsを修飾しているならば確かにおかしい。しかし、thatの先行詞はa part of the interlocking systemであると考えるのが妥当である。したがって、(C)は誤りではないことになる。もう気づかれたと思うが、実は、選択肢(A)のtheが誤りなのである。「ほんの一部にしかすぎない」という意味にするにはonly a part of〜としなければいけない。
CHECK □ interlocking「連動した」□ financial「金融の」□ characterize「特徴を表す」□ monetary economy「金融経済」

26. **POINT** まず出だしのThat yearを見てみよう。前置詞が必要ではないかと思

われるかもしれないが、that yearやthis yearはこのままで副詞としての働きをするのはご存じのはず。pressed forはこのままでよい。次のa two-weeks summer vacationはどうか。two となっているからにはweekにsがつくと考えるのが筋である。しかし「ハイフンでつないで形容詞をつくる場合には複数形のsをとる」という規則があるので、この場合はa two-week〜としなくてはならない。

CHECK □union「組合」□press for「迫る、要求する」□demand「要求」

27. POINT かなり手ごわい問題である。選択肢をひとつひとつ確認しながら消去していくしかない。このような場合には、どれも合っている、あるいは間違っているような気がしてくるものである。答は(D)なのだが、なぜかわかるだろうか。前置詞ofがあるためにappreciateが動名詞になっていることに注意してほしい。ということはdimは本来動詞としてのappreciateにかかっていることになる。dimは形容詞である。dimlyと副詞にしなければ動詞を修飾することはできない。

CHECK □at least「少なくとも」□be capable of〜「〜する能力がある」□dimly「ぼんやりと」□appreciate「認識する」

28. POINT これは比較的やさしい問題である。英文を読んですぐにwhatがどのような働きをしているのかに疑問をもつはずである。どう考えてもwhatでは意味がとおらない。このwhatを関係代名詞whoにするとすっきりする。やはりこのwhatが間違っていたのである。

CHECK □colonist「植民地開拓者」□settle「定住する」□Roanoke Island「ロアノーク島（ノース・カロライナ州の沖にある島）」

29. POINT まずはBecauseの用法をチェックしてみよう。itsからimportanceまで読んでみる。名詞＋and＋名詞になっている。動詞がない。なにかおかしい。接続詞becauseの後には主語・動詞と続くはずである。Becauseの後に前置詞のofがあれば問題はないのだが。正解は(A)ということになる。

CHECK □harbor「港」□strategic「戦略上の」□naval base「海軍基地」

30. POINT (A)、(B)に問題はない。(C)はどうか。suppliesと複数形になっている。少し気にかかるが、supplyは可算名詞として「備え、量」という意味があるので、これは間違いではない。残るは(D)だ。代名詞themはなにを受けているのかがポイントである。themは当然 populationのことである。この場合は人口全体を意味しているので、themとせずにitとすべきである。

CHECK □Thomas Malthus「トーマス・マルサス／イギリスの政治経済学者」□claim「主張する」□alive「生きている」

31. POINT neither〜norに注目してみよう。the Southの後のbe動詞に問題はないか。the Northとthe Southが前にあることからwereでよい、と考えてしまいがちだが、果たしてそれでよいだろうか。both〜and〜に続くのならwereで

よいが、neither〜nor〜の場合はどうだろう。基本的な例文を思い出してほしい。Neither Tom nor I am〜のように、be動詞はすぐ前の名詞（代名詞）に呼応するのがルールである。

CHECK □ break out「勃発する」□ bloodshed「流血」□ turmoil「混乱」□ conflict「争い」

32.POINT 疑わしい箇所はどれか。(A)と(D)には問題はなさそうだ。(B)か(C)か。(B)はこのままでよさそうだが、ここはあわてずに意味を考えてみよう。originalityの意味は「独創力（性）」である。この意味を問題文に当てはめてみるとどうなるか。どうもしっくりこない。origin「起源、源」ではないかと疑ってみる。そうすると「多くの法律は〜に起源がある（もともとは〜からはじまっている）」となり意味がとおることになる。originalityが間違っていたのだ。

CHECK □ democratic「民主主義の」□ decision「決定、判決」□ preside over「統轄する」

33.POINT 問題文を見る。(A)のresultingが収まりが悪い。a resultingの後に名詞が続くのなら〜ing形もわからないでもない。しかし、ofが後に続いているからには、動名詞ということになる。resultには動詞と名詞ふたつの用法があったはずだ。ならばas a result of〜とすべきところである。

CHECK □ evolve「進化する」□ as a result of「〜の結果として」□ environment「環境」□ breeding「飼育、品種改良」

34.POINT 問題を解くカギを握っているのは関係代名詞である。選択肢(C) thatの用法に注目してみよう。この関係代名詞は主格か目的格か。文の構造を分析してみる。もし目的格ならばstatesがacceptの目的語になるはずだが、the obligations〜とすでに目的語がある。ということは、この関係代名詞は主格であることになる。theyが余分であったのだ。

CHECK □ in theory「理論的に」□ UN「国連」□ peace-loving「平和を愛する」□ obligation「義務」□ charter「憲章」

35.POINT 一見してどこにも間違いがなさそうだ。もう一度英文を見直してみよう。have pointed outには問題はない。次に(B)だ。noisy「うるさい」、loud「騒々しい」と同じような意味の形容詞がふたつ並んでいる。なにか不自然ではないか。TOEFLではこのような冗長性(redundancy)を問う問題が毎回のように出題される。正解は(B)である。同じような形容詞をふたつ並べる必要はない。

CHECK □ point out「指摘する」□ cause「引き起こす」□ a temporary hearing loss「一時的に耳が聞こえなくなること」

36. POINT 一見してどこにも間違いがなさそうだ。(C)のfound inが疑わしいが、which isが省略されていると考えれば問題はない。さて間違いはどの箇所か。

選択肢(A) growing-fastこの語順に注目してみよう。これが正しいかどうかを判断するには、同種の形容詞を考えてみることである。たとえば、hard-working「勤勉な」、long-standing「長年にわたる」など。hardやlongの位置はどうなっているか。前に出ているではないか。この例から判断して(A)はfast-growingとしなければならないことがわかるはずだ。

CHECK □ loosestrife「ヒロハクサレダマ（植物）」□ stem「茎、幹」□ marshland「湿地帯」

37. **POINT**「熱量は～」の意味を確認しながら英文を読む。risesでちょっとひっかかる。riseは自動詞で、他動詞の用法はなかったはずだ。しかし、ここでは直後に目的語がきている。ということはrisesは文法的に見て間違っていることになる。risesはraisesとすべきところである。

CHECK □ quantity「量」□ substance「物質」□ thermal capacity「熱容量」

38. **POINT** まずBetween ～ andの用法に誤りはない。moved fromにも問題はないようだ。残るは最後のandだ。andが3度登場しているので、多少戸惑うかもしれないが、選択肢(D)のandはどうみてもおかしい。なぜか。moved from ～とあるからには当然どこかにtoが出てくるはずだが、どこにもない。(D)のandがtoであるべきなのである。

CHECK □ conflict「争い、闘争」□ the cold war「冷戦」□ cooperation「協力、協調」

39. **POINT** 英文をさっと見て気になるのは、やはり選択肢(A)ではないか。冠詞がtheではなくaになっている。この後に最上級のgreatestが続くのはおかしい。これが間違いである。an individual'sも気になる箇所であるが、individualには「個人」という名詞の用法もあるのでこれは誤りではない。

CHECK □ emotional「感情の」□ have a great deal to do with～「～に大いに関係がある」□ in solving～「～を解決する際に」

40. **POINT** まずは選択肢(B)が気にかかる。しかし、layには「卵を生む」という意味もあるので問題はない。normallyはbreedsを修飾する副詞である。どうも(D) every another yearがあやしい。読んでみると問題がないようにも思えるのだが…。冷静に考えてほしい。anotherが不自然ではないか。「1年おきに」という意味にするにはanotherをotherに替えてevery other yearとしなければならない。

CHECK □ lobster「イセエビ」□ normally「通常は、普通は」□ breed「卵をかえす」

PRIMARY TEST 得点換算表

　PRIMARY TEST 40問中の正解数をもとに、実際のTOEFLではどれくらいの得点になるのかを計算してみよう。換算表は、TOEFL PBT 受験経験者の方々に PRIMARY TEST を受けていただき、その結果と実際のTOEFLの得点とを比較したうえで作成したものである。以下の計算方法にしたがって得点を算出してみよう。本番でどの程度の成績がとれるのか、現在の実力を知るうえで目安になるはずである。

●計算方法●

（1）まずは、Part A、B それぞれの正解数を合計する。
（2）右の換算表を見て、正解数から換算値（最小値と最大値）を出す。
（3）最小値および最大値にそれぞれ 10 を掛ける。これによって得られたふたつの数字の間に、あなたの得点が入ることになる。

　　【計算例】
　　　正解数 30 の場合
　　　・最小値　51 × 10 ＝ 510
　　　・最大値　55 × 10 ＝ 550
　　　・予想得点は [510 〜 550] の間ということになる。

（4）上記の計算方法によって得られた数字は、あくまでもグラマー・セクションの実力をもとに割り出した予想得点である。他のセクションの出来いかんでTOEFLの最終得点が上下することはいうまでもない。

●得点換算表●

正解数	換算値
39 〜 40	68
36 〜 38	61 〜 67
33 〜 35	56 〜 60
30 〜 32	51 〜 55
27 〜 29	49 〜 52
24 〜 26	46 〜 48
21 〜 23	44 〜 45
18 〜 20	41 〜 43
15 〜 17	39 〜 40
12 〜 14	36 〜 38
9 〜 11	31 〜 34
0 〜 8	31

●あなたの予想得点●

正解数	予想得点
	〜

Primary Checkpoints

25分間集中して問題に取り組めただろうか。問題を解きながら、いろいろと気づいたことがあるだろう。現時点で感じていること、試験中の心理状態、問題に対する感想など、どのようなことでもいい。ノートに書き留めておくといいだろう。FINAL TEST を受けたときの感想と比較すると、試験に対する姿勢がどのように変化したのかがわかるはずである。では、試験を振り返りながら、項目別にチェックしていこう。

PRIMARY TEST　　　得点　　Part A ＿＿／15問中
　　　　　　　　　　　　Part B ＿＿／25問中
　　　　　　　　合計　　　　　　＿＿／40問中

1. □ Part A・B：40問中28問以上（500点の目安）正解することができなかった。
2. □ Part A・B：25分で40問解くことができなかった。やり残した問題数（　）問。あるいは、時間ぎりぎりに終わり、答を見直す時間がなかった。
3. □ Part A・B：わからない問題があると、その問題にこだわりすぎ、かなり時間をロスしてしまった。
4. □ Part A・B：わからない（難しい）単語が出てくると、その意味を考えすぎて、答を見つけるのに時間がかかってしまった。
5. □ Part A・B：パートごとの得点にばらつきがある。(例：Part Aに比べ、Bのほうが正答率が低い)。
6. □ Part A：はじめの15問を解くのに、10分以上かかってしまった。実際にかかった時間（　）分。
7. □ Part A：どれが空欄に入るのかまったく予測のつかない問題があった。わからなかった問題数（　）問。
8. □ Part A：No.4（主語を補足する句・節）、No.9（比較）、No.13（省略）、No.14（語順）ができなかった。
9. □ Part B：どれが間違いなのかまったく予測のつかない問題があった。わからなかった問題数（　）問。
10. □ Part B：No.17（形式の統一）、No.18（品詞）、No.26（単数・複数）、No.35（余分な語）に関する間違いを見逃してしまった。

以上の項目は、受験経験者からの声（反省点）を整理してまとめたものであ

る。いくつの項目に該当しただろうか。個人によって該当する数が当然異なるだろう。しかし、出題傾向および問題攻略法をしっかり把握し、問題演習をとおして、問題を解くリズムを身につけていけば、いずれも克服できるものばかりである。本書はその目的のために作成されているのである。

　いよいよ本書の〔基礎編〕および〔実戦編〕で問題攻略法を学習することになる。今一度、PRIMARY TEST を見直し、解説を参考にした上で、自分の弱点を把握しておこう。

基礎編
問題はこうして解く

[1] 問題アプローチ法
[2] **Part A** 完全攻略・解法キーワード 10
[3] **Part B** 完全攻略・解法キーワード 10

Chapter 2

〔1〕問題アプローチ法

　PRIMARY TESTを受けてみた感想はどうだろうか。思ったよりやさしかった？　難しかった？　これならいけると思った？　満足のいく点数が取れなかった？　感想はさまざまだろうが、模擬試験を受けることで、現在の自分自身の実力および弱点が把握できたのではないか。また、Primary Checkpointsの項目から、受験する際にどのような点に注意すべきなのかもある程度理解できたはずである。この章では、PRIMARY TESTで学んだことを生かし、スコアをさらにアップするためにはどのようなことを知っておくべきなのか、あるいは、すべきなのかを具体的に説明しよう。

● これだけは知っておきたい ●

　確認の意味をこめて、まずはグラマー・セクションの目的・出題形式・内容などについて簡単に触れておこう。

[目的]

　TOEFLのグラマー・セクションは"Structure and Written Expression"と呼ばれ、その目的は標準英語の文法構造にどの程度精通しているかを測定することにある。出題される問題には、断片的な文法の知識をみるというよりも、文レベルでの文法知識およびその運用能力をみようとする傾向が強く見られる。

[形式]

　出題される問題は、すでにご存じのとおり、Part A: 空所補充とPart B: 間違い探しの2種類である。問題数はPart Aが15問、Part Bが25問、全40問。所要時間は25分となっている。

[傾向]

　どのような問題が出題されるのか、興味のあるところだろう。Part Aでは、主語と動詞の関係、接続詞、語順、省略など。また、Part Bでは、数および時制の一致、形式の統一、比較、品詞などに関する問題が毎回のように出題されている。詳しくは、『解法キーワード10』のところで解説することになっている。

【 内容 】

　出題文の内容は、科学、文学、文化、歴史、政治・経済・教育など多岐に渡っている。しかし、一部の受験者に有利にならないように、アメリカ・カナダ、あるいは周知の事実に関するものを中心に出題するように配慮されている。もちろん、専門的な知識をもっていなければ正解がわからないということはない。

【 文体・語彙 】

　問題文には会話体の英文は出てこない。かなり堅い感じのする(formal)英文がほとんどである。使用される語彙の難易度も高く、固有名詞も頻繁に登場している。会話表現やスラングが文中に使われるということはまったくといっていいほどない。

【 正答数と得点 】

　本書の7ページを再度読んで、正答数と得点の関係をチェックしておくといい。ちなみに、スコア600を取るには40問中35問正解しなくてはならない。ただしこれはあくまでも目安である。

【 日本人のスコア 】

　日本人は文法が得意（？）と思われている（思っている？）ようだが、TOEFLのスコアを見る限り、残念ながらそういうことはないようだ。手元にあるデータ（2004年7月から2005年6月までに、TOEFL ITPと問題形式が同じであるTOEFL PBTを受験した人が対象）では、グラマー・セクションの平均得点が50になっている。この数字から正答数を逆算すると、28という数字が出てくる。およその数字ではあるが、40問中の正答数が28とは意外な結果といえるだろう。参考のために他のセクションのスコアも載せておく。リスニング：50、ボキャブラリー・リーディング：49、合計点：495となっている。アジア21カ国の合計点の平均がおよそ537であることを考えると、日本人受験者の得点がかなり低いということがわかる。

●あなたの弱点はなにか●

　TOEFL PBT受験経験者の方々に集まっていただき、各セクションの攻略法や効果的学習法について話し合う機会を得た。その際に、興味深い意見を聞く

ことができた。ここで読者の皆さんにとって役立つと思われるやりとりをふたつ紹介しよう。会話はQ&A方式になっている。

Scene 1

Q：現在、主にどのようなことを中心に勉強していますか。
A：文法の復習および問題演習。そして、語彙数を増やすように努力しています。
Q：文法と単語ですか……。
A：勉強しやすいですからね。とっつきやすいというか。勉強した分それだけ点数がアップするような気がしますし。
Q：文法はどのように勉強していますか。
A：大学受験の際に使った文法書を読み直しています。あとは、できるだけ多く問題を解くように心がけています。
Q：高校の参考書を使って復習をするのは、基礎を固めるという意味ではとても大切なことです。過去に使ったものですから、思い出しながら文法事項がチェックできるのがいいですよね。後は問題演習をしている。結果として、得点はアップしていますか。
A：思ったようには伸びていません。努力が足りないのかもしれませんね。

●

　かなりの時間を費やしている割には、グラマー・セクションの得点が上がっていない。こういう声が多く聞かれた。勉強もしやすいし、問題も取り組みやすいはずなのだが。その理由を聞いてみた。

Scene 2

Q：どうしてグラマー・セクションの点数が上がらないのでしょうね。
A：勉強がまだまだ足りないのかもしれませんが、試験会場で、いざ問題を解くとなると、使われている単語がかなり難しいので、それに圧倒されて、やさしい問題でも難しく思えたり……。
Q：グラマーの問題が難しく思えてしまう理由をさらに考えてみてくれませんか。
A：まず、リスニングの影響があると思います。TOEFLでは最初にリスニングのテストがあります。その後にグラマーがきます。リスニングは苦手という人が多いと思いますが、わたしもそのひとり。やはり、リスニングのことが気になってしまうんです。考えないようにしているつもりでも、気になってしまう。

Q：なるほど。他にはどうですか。
A：単語の難しさ、それに、見た目の構文の複雑さ。落ちついて分析してみると、簡単な構文だったりするんですけど。Part Bの問題がそうですが、印刷されている英文の中から間違いを探すというのはかなり難しいですね。文字に弱いというのかな。下線部に間違いがあるといわれても、なんとなく合っているような、あるいは、全部間違っているような気がしてきてしまう。

● 問題へのアプローチ方法 ●

　試験会場では誰もが緊張するものである。実際に試験を受けてみればわかることだが、リスニング・テスト後の疲労感は相当なものである。リスニングで高得点が取れたというのなら、疲れも気にならないだろう。しかし、思ったようにできなかったときには、精神的にかなりのプレッシャーがかかるものだ。気にしないように、と思いながらもつい……。多くの受験者が経験することである。

　さて、ここでは、グラマー・セクションの問題を解く際に、どのような点に注意すればいいのかを順序立てて説明することにしよう。このアプローチ法には、多くの受験経験者の皆さんの意見が生かされている。きっと役に立つはずである。

［アプローチ法］

1. リスニングが終了したら、気持ちを入れ替えてグラマー・セクションに備える。終わってしまったことをくよくよ考えてもどうなるものでもない。リスニングへのこだわりを捨て、新たな気持ちで次のセクションに臨む。
2. 問題の形式はわかっているはずである。Directionsは読まずに、25分をフルに活用する。
3. 使用されている語彙のレベルはかなり高い。しかし、単語が難しいからといって文法の問題自体が難しいと勘違いしてはいけない。わからない単語にあまりこだわらず、大体の意味を把握するように心がける。
4. 問題文の主語と動詞をチェックする。さらに、副詞や節などの修飾関係に注意する。難しそうに見える文でも、よく見ると、単純な構文である場合が多い。この他にどのような視点から問題文を分析していけばいいのかは、『解法キーワード10』で詳しく述べる。参考にしてほしい。
5. 基本的に、Part A・Bともに、選択肢あるいは下線部を順にチェックしてい

くことになる。問題の中には、問題文および選択肢・下線部を全部見なくても正解がわかるものがあるが、早とちりをしないためにも、念のために全体を見直すくらいの余裕がほしい。もちろん、答に自信があれば、その問題に時間をかける必要はない。
6. リズムよく問題を解いていく。問題には難しいものもあればやさしいものもある。難しい問題にあまりに時間をかけすぎると、後半の問題をやり残すことになる。問題は難易度順に配列されているわけではない。最後のほうにやさしい問題が出ている可能性もある。そのことを考えて、わからない問題は後回しにすればいい。ひととおり問題を解いてから、わからなかった問題に再度アタックしてみよう。Part Aが終わってから見直すのか、全問に目をとおしてから見直すかは皆さん次第である。Practice Testsを使って問題を解くリズムを身につけてほしい。
7. どうしてもわからない場合にはどうするか。最終的には、ヤマ勘でも構わない。とにかくマークすること。減点法は採られていないので心配することはない。
8. グラマー・セクション終了後は、気分を入れ替えて、ボキャブラリー問題へ。

　以上、問題へのアプローチ法を順に説明したが、それぞれの問題にどのような視点をもって取り組めばいいか、次のセクションで具体例を挙げながら説明しよう。

〔2〕Part A 完全攻略

解法キーワード10

　過去の問題を分析してみると、同じような問題が繰り返し出題されていることがわかる。ここでは、頻出問題の出題パターンを取り上げ、模擬問題を使って正解を見つけるまでのプロセスを解説しながら、問題を解くためのキーワード10を紹介する。

- **Key Word 1**　　主語・動詞

- **Key Word 2**　　主語を補足する句・節

- **Key Word 3**　　接続詞

- **Key Word 4**　　関係詞

- **Key Word 5**　　語順

- **Key Word 6**　　比較

- **Key Word 7**　　形式の統一

- **Key Word 8**　　分詞構文

- **Key Word 9**　　省略

- **Key Word 10**　動詞の用法

Key Word 1　主語・動詞

　問題を解く際に、まず第一にチェックすることはなにか。それは、問題文の主語と動詞を見つけることである。これがわかれば、正解に一歩も二歩も近づいたことになる。後は、副詞、関係詞などの修飾語句や節を見極めればいいわけだ。さっそく問題を解いてみよう。次の文の主語と動詞は？

● シミュレーション１ ●

Enemies of bees ········ bears and some types of ants.
　　(A) are including
　　(B) they include
　　(C) including
	(D) include

Answer： Ⓐ Ⓑ Ⓒ Ⓓ

◆解説と解答

　問題文を見る。bearsが動詞に見えないこともないが、選択肢をチェックすればbearsが名詞であることがわかるはずである。ということは、Enemies of beesが主語で、空欄には動詞が入ることになる。このことから、まず選択肢(B)を除外できる。theyが余分であるからだ。(C) includingもこのままでは動詞として空欄には入らない。(A)か(D)のどちらかが正解であるはずだ。includeは「～を含む」という意味で進行形で用いられることはない。英文の基本的な意味は「蜂の敵には～がいる」となる。【解答：D】

● シミュレーション２ ●

········ are used to measure the popularity of a television show.
　　(A) It is the Neilsen Ratings
	(B) That the Neilsen Ratings
	(C) The Neilsen Ratings
	(D) Because the Neilsen Ratings

Answer： Ⓐ Ⓑ Ⓒ Ⓓ

◆解説と解答

　文中のare used toに注目してほしい。Be動詞がここにあるということは、空

欄にはこの文の主語が入ると考えることができる。文の意味は「～はテレビ番組の人気の度合いを測定するために用いられる」となるはずだ。名詞句が入るのか、それとも名詞節が入るのか。選択肢をひとつずつ当てはめていこう。(A)にはIt is ～とbe動詞がある。これでは動詞が重複してしまうことになる。(B)はどうだろう。Thatではじまっている。しかし、このThatがどのような働きをしているのかがわからない。代名詞のはずがない。接続詞ならば動詞がどこかになくてはならない。このままでは文が成立しない。次に(C)を見てみよう。The Neilsen Ratings are used to～これならば「ニールセンによる視聴率は～」となり文の流れがすっきりする。最後の(D) は、見てわかるとおりBecauseが余分である。【解答：C】

Key Word 2　主語を補足する句・節

　主語のすぐ後に動詞が続けば問題はないが、場合によっては、主語を補足説明する語句が挿入されることがある。これには注意が必要だ。カンマが入っている場合には、それほど戸惑うことはないだろう。しかし、ときには、カンマがなかったり、かなり長い節が挿入されることもあるので、主語・挿入語句（節）・動詞の関係を見逃さないように気をつけたい。

● シミュレーション 3 ●

George Alcock, ..., discovered four comets.
　　(A) was an English schoolmaster
　　(B) whom an English schoolmaster
　　(C) an English schoolmaster
　　(D) one of English schoolmaster

Answer：Ⓐ Ⓑ Ⓒ Ⓓ

◆解説と解答

　空欄の後にdiscoveredがある。これが問題文の動詞である。主語はGeorge Alcockのはずだが、カンマの間に空欄がある。挿入語句だ、とすぐに気づく。選択肢を順にチェックしていこう。(A)はwasがあるので、正解でないことがわかる。(B)はどうか。whomの働きがよくわからない。それに、この関係代名詞節には動詞がない。(C)を見てみよう。George Alcock, an English schoolmaster「ジョージ・アルコック、英国人の教員」と同格になって文が成立するようになる。(D)は一見すると合っているようにも思えるが、of以下が文法的ではない。one of the English schoolmastersとなれば可能性がないこともないが。
【解答：C】

● シミュレーション 4 ●

Volume, ..., is an important quality of musical sound.
　　(A) the degree of loudness
　　(B) this is the degree of loudness
　　(C) it is the degree of loudness
　　(D) being the degree of loudness

Answer：Ⓐ Ⓑ Ⓒ Ⓓ

◆解説と解答

　前問と同じ形式の問題である。カンマがあればしめたものである。空欄には挿入語句が入るはずだ。主語のVolumeを説明する名詞句を探してみよう。(A) the degree of loudness「音量（の度合い・程度）」とはまさにVolumeのことである。これが正解である。念のために他の選択肢もチェックしておこう。(B)(C)にはともにisがあるので、空欄の後のisと重複してしまう。(D)はどうだろう。beingの用法に問題がある。同格として名詞句を並べる際に、動名詞のbeingを使うことはない。覚えておこう。【解答：A】

Key Word 3　接続詞

　問題文に接続詞が入ると、当然、文の構造が複雑になる。andやbutなどの等位接続詞の場合には、たとえば、文＋and＋文という形をとるので、比較的わかりやすいはずである。また、as、though、becauseなども前後の文脈がわかれば、正解を見つけるのにそれほど苦労はしないだろう。注意しなくてはならないのは、so(such)～that構文や、接続詞的な働きをするdespite、in spite of、because of～などである。

● シミュレーション 5 ●

　In early human societies, physical strength was probably the most important quality a man could possess, ……… today it is intelligence.

　　(A) because
　　(B) since
　　(C) so
　　(D) whereas

Answer：Ⓐ Ⓑ Ⓒ Ⓓ

◆解説と解答

　まず英文の主語と動詞をチェックする。physical strength wasが目に入る。しかし、空欄の後にもit isと文が続いている。空欄には接続詞が入ることがわかる。これは選択肢からもわかることである。どの接続詞を入れればいいのか。前後の文脈を考えなければならない。「初期の人間社会では、恐らく肉体的な力が人が所有する資質の中で最も重要なものであっただろうが～」。これが前半の意味である。さて、接続詞以下はどのようなつながりになっているだろうか。選択肢をひとつずつ入れながら意味を確認してみる。because、since、soでは意味がつながらない。(D)のwhereasが入ると「～であるが、今日では知性が～」となって文意が成立することになる。【解答：D】

● シミュレーション6 ●

The western plateau of Bolivia ········ that temperatures there remain low all year.

  (A) is high
  (B) is so high
  (C) which is so high
  (D) so high

Answer : Ⓐ Ⓑ Ⓒ Ⓓ

◆解説と解答

　まず問題文を見る。文の出だしは名詞句。that以下には文が続いている。選択肢を見る。soがあることに注目する。so～that構文の可能性が大である。The western ～ Boliviaがこの文の主語である。そうであるならば、当然次には動詞が続くと考えられる。選択肢を再度チェックしてみよう。(A)と(B)だけが is～となっている。正解はこのどちらかである。空欄に入れてみる。(A)のis highではthatにつながらない。(B)のis so highが入れば、「ボリビアの西の高原は標高がとても高いので、1年中気温が低いままである」という意味のso～that構文ができあがる。【解答：B】

Key Word 4　関係詞

　関係代名詞も頻繁に出題される文法項目である。基本的な主格・目的格の用法はもちろんのこと、前置詞＋関係代名詞に関する出題も多く見られるので注意を要する。問題として関係代名詞が出題される場合には、選択肢を見ればすぐにわかることが多い。who、that、which などが入っていたら、関係代名詞が入ることを予想しながら問題に取り組めばいい。

● シミュレーション7 ●

　Studies have shown that women ……… born into affluent families tend to live longer.

　　　(A) are
　　　(B) are to be
　　　(C) who are
　　　(D) who will be

　　　　　　　　　　　　　　　　　　　Answer：Ⓐ Ⓑ Ⓒ Ⓓ

◆解説と解答

　選択肢を見る。(C)(D)にwhoが入っている。関係代名詞が空欄に入る可能性があることを心に留めて問題文を読んでみる。Studiesが主語、have shownは動詞、そしてthat以下が目的語。SVOの基本文型である。しかしthat以下の文の構造が多少複雑になっている。womenが主語、動詞はどれか。tendがこの文の動詞だ。したがって、空欄にはwomenを修飾する語句か節が入るはずである。選択肢をチェックしよう。(A)(B)にはareがある。これでは文が成り立たない。(C)か、(D)か。現在形か、未来形か。文の意味を考えてみよう。研究によりどういうことがわかってきたのか。「裕福な家庭に生まれた女性は長生きをする傾向が見られる」。この意味にするにはwho areとすればいい。will beと未来形にする必要はない。【解答：C】

● シミュレーション8 ●

The rubber trees of the Amazon valley supply latex ………．
    (A) that is made into rubber
    (B) which is making rubber
    (C) makes rubber
    (D) made rubber

Answer：Ⓐ Ⓑ Ⓒ Ⓓ

◆解説と解答

　選択肢にthat、whichがある。このことを頭に入れ、問題文を見てみよう。まず主語はどこまでか。The rubber treesから…valleyまで？　supplyまで？　latexの意味およびその働きは？　latexまでをこの文の主語と考えてしまうと、答としては(C)か(D)ということになるのだが、それでは意味がはっきりしない。supplyを動詞として考えるのが最も自然である。latexは「（ゴムの木から出る）液」のことである。文の意味は「アマゾン流域のゴムの木はラテックスを供給してくれる」となるが、この後に関係代名詞をどのようにして続ければ意味が通じるようになるか。(A)のthat is made ～とすればいい。(B)のように進行形にしては意味がつながらなくなる。【解答：A】

Key Word 5　語順

　語順にかかわる問題といっても、その種類はさまざまである。副詞と形容詞の位置関係や間接疑問の語順を問う基本的なものから、否定による語順倒置や仮定法の倒置（例：If it had been rainy ～がHad it been rainy となる場合）などの難解なものまでが出題されている。うっかりミスや早とちりをしないように、語順にはくれぐれも注意したい。特に、文頭に否定語があるときには要注意だ！

● シミュレーション9 ●

　········ the late 19th century a time of expansion of American territory, but it was also a period of growing industrialization.

　　(A) Neither was
　　(B) If only it was
　　(C) Although it was
　　(D) Not only was

　　　　　　　　　　　　　　　　　　　Answer：Ⓐ Ⓑ Ⓒ Ⓓ

◆解説と解答

　かなり長い文である。英文全体の構成をチェックする。途中にbutがあることに注目してほしい。選択肢を順に当てはめてみよう。(A)の場合は、否定語Neitherが前に出ているのでNeither was＋主語という語順倒置が起きている。ここまではわかるが、but以下が続かない。Neitherならばnorがどこかに出てくるはずである。(B)と(C)には接続詞としてIfとAlthoughが使われている。butとのつながりはどうなるのか。残るは(D)である。Not only wasで倒置が起きている、そしてbut it was also～と続く。 Not only～but alsoを使った英文の完成である。意味は「19世紀後期は、アメリカにとっては領土拡大の時期であると同時に、産業発展の時期でもあった」となる。【解答：D】

● シミュレーション10 ●

……… failed to attack the Confederate Army is still a matter of much speculation.

 (A) Why General McClellan did
 (B) Why General McClellan
 (C) Why did General McClellan
 (D) Why did the General McClellan

Answer： (A) (B) (C) (D)

◆解説と解答

　これは語順の基本的な知識を問う問題である。早とちりをしなければまず間違えることはないだろう。選択肢はすべてWhyではじまっている。問題文の主語と動詞を確認しよう。主語は〜Armyまで、動詞はisである。空欄にはWhyではじまる名詞節が入ることになる。ここまでわかれば答を見つけるのは簡単である。Why did〜になっている(C)(D)はすぐに除外できる。(A)はどうだろう。didが余分である。もし動詞を強調するつもりでdidを入れるのならWhy General McClellan did fail to〜となるはずである。failedのままでは文法的におかしいことになる。(B)が入れば「マクレラン将軍が南部連合国軍攻撃に失敗した理由については、いまだに多くの憶測がある」という意味になる。【解答：B】

Key Word 6　比較

　比較に関する問題が出題されていることは、選択肢を見ればすぐに判断がつく。as～as、more～than、the most～を選択肢の中に見つけたら、比較構文が出題のポイントになっていることに留意しながら問題に取り組むようにする。比較といっても、その出題範囲はかなり広い。この機会にThe 比較級～, the 比較級…「～すればするほど…だ」、as～as possible、as～asを用いた倍数表現などを文法書で復習しておくといいだろう。

● シミュレーション11 ●

　Enzymes in the human body start working on food‥‥‥‥ it enters the mouth.

　　　(A) soon
　　　(B) sooner than
　　　(C) soon as
　　　(D) as soon as

　　　　　　　　　　　　　　　　　　　Answer：Ⓐ Ⓑ Ⓒ Ⓓ

◆解説と解答

　選択肢からsoonをどのような形にして空欄に入れるかがポイントになっていることがわかる。まずは問題文の構造を分析することからはじめよう。Enzimes「酵素」が主語でstartが動詞である。前半の意味は「体の中の酵素が食べ物に働きかけはじめる」である。(A)と(C)では前後の文を結び付けることができないので、このふたつは不適切である。ここで後半の意味を考えてみよう。itはfoodを指している。「食べ物が口に入ったとたんに」となれば、全体の意味がとおるようになるはずだ。(B) sooner thanでは、口に入る前から酵素が働き出してしまうことになる。(D) as soon as が答となる。【解答：D】

● シミュレーション12 ●

……… eminent of English medieval scientists was Roger Bacon.

(A) The
(B) More
(C) The more
(D) The most

Answer : Ⓐ Ⓑ Ⓒ Ⓓ

◆解説と解答

　選択肢を見れば比較に関する問題が出題されることは一目瞭然である。問題文の主語はscientistsまで、動詞がwasという単純なSVCの文型である。早とちりをしなければまず間違えることはないだろう。(A)と(C)では文がつながらないのははっきりしている。(D)のThe mostを入れてみる。なんとなく合っているような気がする？　文意を考えてみよう。「中世のイギリス人科学者の中で最も著名であったのはロジャー・ベーコンであった」。これでどれが答えか明確になったはずである。【解答：D】

Key Word 7　形式の統一

　形式の統一といわれても漠然としていてよくわからないかもしれない。シミュレーションの問題を見ればすぐに理解できると思うが、ここでは導入として、基本的なことを説明しておこう。たとえば、ある動詞の後に目的語がいくつか並んでいたとする。動詞＋動名詞、動名詞、and 動名詞などのように。ところが、最後の動名詞が to 不定詞になっていたとしたらどうだろう。前のふたつの形式に合わせて動名詞とするのが文法的に自然である。このことをここでは形式の統一と呼んでいるわけだ。出題されるのは動名詞や不定詞ばかりではない。形容詞、副詞などもよく出題されるので注意が必要である。

● シミュレーション13 ●

There are four primary tastes in cooking all over the world: salty, sour, bitter, and ……… .

　　(A) sweet
　　(B) sweets
　　(C) sweeter
　　(D) sweetish

Answer : Ⓐ Ⓑ Ⓒ Ⓓ

◆解説と解答

　問題文はThere areではじまる基本的な文である。この英文は「４つの主要な味」のことを指摘している。コロン以下で、具体的にその４つを挙げている。salty、sour、bitterと形容詞が３つ並んでいる。当然、空欄に入るのは形容詞ということになる。選択肢を見てみよう。(B)は名詞である。(C)のように比較級にする必要はない。(A)のsweetを選べばいいのだが、最後のsweetishもなんとなく気になる？　sweetishの意味を考えてみよう。「少しあまい」である。この文脈にふさわしくないことはすぐにわかるはずである。【解答：A】

● シミュレーション14 ●

Human skin protects the body from many potentially dangerous ……… substances.

(A) chemically, physical, biological
(B) chemical, physical, biological
(C) chemical, physical, biologically
(D) chemically, physically, biologically

Answer： Ⓐ Ⓑ Ⓒ Ⓓ

◆解説と解答

　まず選択肢を見てみよう。形容詞や副詞が並んでいる。形式の統一という観点からすると、形容詞なら形容詞だけ、副詞なら副詞だけとなるはずだが。問題文の基本構造を確認しよう。Human skinが主語、protectsが動詞、the bodyが目的語である。from以下はprotect 〜 from...の用法で「…から〜を守る」という意味である。空欄の前のpotentially dangerous「潜在的に危険な」に注目してほしい。副詞・形容詞の語順になっている。この後にさらに副詞が続くことは考えられない。dangerousに合わせて、形容詞が並ぶはずである。そうなっている選択肢は(B)である。(B)が入ると「潜在的に危険な化学的、物理学的、生物学的な物質」となり意味がつながるようになる。【解答：B】

Key Word 8　分詞構文

　分詞構文が使われると、文の構造は見た目には複雑になる。分詞構文が使われていることがわかってしまえば、問題はないのだが、それがわからないと正解を見つけるのに多少苦労をすることになる。現在分詞を使った分詞構文は比較的わかりやすいはずである。省略を伴った過去分詞の分詞構文を見抜くには、問題および構文に対する慣れが必要である。さっそく問題を解いてみよう。

● シミュレーション15 ●

　……… to interest the Italian government in his work, Marconi moved to England.

　　(A) Failing
　　(B) To fail
　　(C) By failing
　　(D) Failure

　　　　　　　　　　　　　　　　Answer：Ⓐ Ⓑ Ⓒ Ⓓ

◆解説と解答

　まず、問題文の基本構造を見てみよう。空欄の後にto不定詞がある。カンマ以下には、文が続いている。空欄には接続詞が入るだろうと予測できるが、選択肢に接続詞はひとつもない。このような場合に、分詞構文が入る可能性が出てくるわけだ。(B)のTo不定詞の用法ではこの文脈には合わない。(D)も同様である。Failureと名詞が文頭に出てしまうと、Marconi以下の文とつながらなくなってしまう。(A)か(C)のどちらかである。(C)のようにByを使ってしまうと、「〜よって」と手段を表すことになってしまう。ここは、やはり、分詞構文でFailing「イタリアの政府に興味をもたせることに失敗したので」とすべきである。【解答：A】

● シミュレーション16 ●

········ the shores of Lake Superior, Duluth is a major port for the shipping of iron ore.

　　　(A) Location in
　　　(B) Located on
　　　(C) In located
　　　(D) Locating at

Answer： Ⓐ Ⓑ Ⓒ Ⓓ

◆解説と解答

　前問と同じ方法でアプローチしてみよう。問題文の基本構造を見る。空欄の後に名詞句が並んでいる。カンマの後には文が続いている。空欄には接続詞あるいは接続的な働きをする前置詞がくる可能性が大。しかし、選択肢の中にはそのような語（句）はない。分詞構文だ、と予測をする。Locatingを見て、これが正解だ、と早とちりをしてはいけない。分詞構文が使われている文脈と動詞locateの用法を冷静に考えてほしい。もともとの文はAs Duluth is located on〜「ダルースはスペリオル湖の湖岸に位置しているので、鉄鉱石を送るための主要港となっている」である。これを分詞構文に書き換えるとどうなるか。Being located〜となる。これで話は終わらない。Beingは現在分詞。Locatedは過去分詞である。このようにBeingの後に過去分詞が続いたときには、Beingが省略できるというルールがある。ここまでくれば、どれが正しいのかはっきりしたはずである。【解答：B】

Key Word 9　省略

　ある意味では前問のLocated on〜も省略にかかわる出題であるといえるだろう。本来あるべき語や語句が省略されることは、なにも特別なことではない。日常会話でも頻繁にことばが省略される。書きことばでも同じことである。省略されるからには、前後の文脈から、なにが省かれているのかがわからなくてはならない。そうでなければ、意味が通じなくなってしまうからだ。TOEFLのグラマー・セクションにも省略にかかわる問題が頻繁に出題されるが、それほど難解な構文が問われるわけではない。基本的な省略のメカニズムさえ知っていれば、省略されている語句を補って正解を見つけることができるはずである。

● シミュレーション17 ●

Elizabeth Barrett Browning's *Sonnets from the Portuguese* are among the finest love poems ･･･････ .

　　(A) whenever written
　　(B) to write
　　(C) were written
　　(D) ever written

　　　　　　　　　　　　　　　Answer : Ⓐ Ⓑ Ⓒ Ⓓ

◆解説と解答

　問題文の主語と動詞はすぐに見分けがつく。動詞がareで、among以下が問題のポイントになっている。ブラウニングの書いたソネットがamong the finest love poems「最も素晴らしい愛の詩のひとつである」といっている。この後に続くと考えられる表現はなにか。関係代名詞を使った「これまでに書かれた」という意味のthat have ever been writtenであると予測がつく。しかし、選択肢の中にはその表現はない。ここで考えられるのが省略である。that have ever been writtenの一部が省略されていると考えてみる。ここで基本的な省略のメカニズムの復習をしてみよう。たとえば、the novel that was written by himがthe novel written by himとなることを思い出してほしい。このことをthat have ever been writtenに当てはめてみる。the finest love poems ever writtenとなる。everは副詞なので、この場合に省略してはいけない。【解答：D】

シミュレーション18

In terms of sheer salary costs, a temporary worker is more expensive to an employer than a permanent employee ……… the same job.

  (A) doing
  (B) is doing
  (C) will be doing
  (D) has done

            Answer： Ⓐ Ⓑ Ⓒ Ⓓ

◆解説と解答

　問題ではmore～thanを用いて、a temporary workerとa permanent employeeをsheer salary costs「給与だけにかかる費用」の面から比較をしている。「臨時雇いのほうが同じ仕事をしている正社員よりもお金がかかる」というのが問題文の趣旨である。この意味にするにはどの選択肢を選べばいいか。どれを入れても文法的な文にはならないように思える。そういう場合には、なにか省略されているのではないか、という視点で選択肢を再度チェックしてみるといい。employeeの後に関係代名詞があるつもりで考えてみよう。まずは(A)から。who isを補えば意味がとおるではないか。また、that does the same jobのような現在形の場合でも、doingと分詞を使って前の名詞を修飾する用法もある。これが正解だ。他の選択肢が入らない理由はもうわかるはずである。【解答：A】

Key Word 10　動詞の用法

　Part A最後のキーワードは〔動詞の用法〕である。動詞にかかわる問題は毎回のように出題されている。出題形式として最も頻度が高いのが動詞の基本用法およびイディオムである。ここでは前者に焦点を当てることにする。基本的な動詞enjoyを例にとって説明しよう。enjoyの後に動詞を続ける場合を考えてほしい。enjoy to不定詞とするか、ing動名詞とするか。答はenjoy 〜ingである。基本的なことではあるが、この種の問題は知っているかどうかが勝負である。日頃から、イディオムも含め動詞の基本用法をしっかりと覚えておきたいものである。

● シミュレーション19 ●

　Recent advances in medical technology have ········ happier and more productive lives.

　　　(A) allowed people to live
　　　(B) allowed people living
　　　(C) allowed living people
　　　(D) allowed people live

Answer：Ⓐ Ⓑ Ⓒ Ⓓ

◆解説と解答

　選択肢には共通した動詞allowedが出ている。allowの用法が問題を解くカギを握っているようだ。問題文を見てみよう。主語と動詞ははっきりしている。have以下の動詞部は現在完了になっている。文の意味は「最近の医療技術における進歩により、人々はより幸せで、より生産的な生活が送れるようになってきた」である。問題のポイントは allowed peopleの後になにが続くかである。to不定詞？ 動名詞？ それとも原形不定詞？ 正解はto不定詞である。【解答：A】

● シミュレーション20 ●

Before becoming a Supreme Court justice, Earl Warren ……… governor of California.

 (A) serving
 (B) did serve
 (C) served as
 (D) was served

Answer : (A) (B) (C) (D)

◆解説と解答

　動詞serveをどのように使うかが問題のポイントになっている。問題文の意味を考えながら選択肢を順に当てはめてみよう。空欄には当然動詞が入ることになる。したがって、(A)servingは不可。(B)はどうか。did serveと強調するためにdidが入っているが、これはあまり問題にならない。serveそのものの用法が問われているからである。ここで文の意味を考えてみよう。「最高裁判所長官になる前に、アール・ウォレンはカリフォルニアの州知事として仕えていた」。serveには、すぐ後に役職名を続けて「～として仕える」という用法はない。ここまでくれば、served as～としなければ文が成立しないことがわかるはずである。asの後に地位や役職名がくるときには無冠詞になることを知っていれば、そのことからもserved asが正解であることがわかる。残った(D)は受け身になっているが、serveにはこのような用法はない。【解答：C】

わたしのTOEFL受験アドバイス1
「満点をとる」つもりで受験したい
森井和佳子

　はじめてTOEFLを受験した時には、緊張はしませんでしたが、余裕をもって家を出たはずが、集合時間ギリギリに試験会場に滑り込むことになってしまいました。その時はさすがにあせりました。こういうことがあると変にあせってしまったり、プレッシャーがかかってしまうので気をつけたいところです。

　はじめての受験だったので勝手がわからず、リスニングセクションではテープから流れる説明の英語にもほとんど耳を傾けることができませんでした。まわりの人の行動をキョロキョロ見ている間にリスニングが終わってしまったという感じです。しかし、「できなかったー」などと落ち込む暇もなく文法のセクションがはじまりました。

　TOEFLははっきりと3つのパートに分かれています。誰にでも得手、不得手があるものですが、自分の得意とするパートをつくり、「このパートでは満点をとるぞ！」というぐらいの気持ちで臨みたいものです。幸いにしてわたしの場合、好きなパートは文法でした。あまりできなかったリスニングとその後のリーディングのクッションのような役割をしてくれました。思っていたよりも早く終わり、何度か見直すこともでき、リスニングのできの悪さもすっかり忘れて余裕をもって次のリーディングへとつなぐことができたからです。平均的にできるのが一番いいのでしょうが、ひとつでも得意なパート、好きなパートを持つことで精神的に余裕ができることを実感しました。

　TOEFLの文法セクションは、問題の形式を把握したら、それに沿った練習問題を繰り返し解いて、慣れることが一番の対策だと思います。慣れてくるうちに、「これはあのパターンだ」とわかるようになり、自分なりの解法パターンができてきます。この文にはどんな要素が欠けているのか、この文はどう直せばよいのか、などと自分の解法パターンをもって解いていくことができるようになるはずです。それほど長い文章は出題されませんし、問題数も他のパートに比べると少ない文法セクションは、確実に得点できるパートだといえると思います。

　はじめてのTOEFLは、本当に「あっ」という間に終わってしまいました。自分の実力や集中力を試すことができ、これからの課題を思い知らされたという感じでした。

※ここではTOEFL ITPと問題形式が同じであるTOEFL PBTを実際に受験した方の受験体験談を紹介している。（以下P.124、P.125、P.143も同様）

〔3〕Part B 完全攻略

解法キーワード10

　Part Bにも毎回のように出題される文法項目がある。Part Aと重複するものもあるが、形式の異なるPart B攻略のためのキーワード10を紹介しよう。どのような視点から問題文を分析すればいいのかを知っていれば、より早く、より正確に間違っている箇所を見つけることができるはずである。

- **Key Word 1**　　余分な語

- **Key Word 2**　　呼応と対応

- **Key Word 3**　　動詞の時制と用法

- **Key Word 4**　　品詞

- **Key Word 5**　　形式の統一

- **Key Word 6**　　比較

- **Key Word 7**　　接続詞・関係詞

- **Key Word 8**　　語順

- **Key Word 9**　　単数・複数・冠詞

- **Key Word 10**　イディオム

Key Word 1　余分な語

　Part Bを攻略するための第1ステップは、Part A同様、問題文の主語と動詞を確認し、基本となる文型を把握することである。文全体の構成がわかれば、それだけ間違いが見つけやすくなる。次に、文の修飾関係などを分析していくわけだが、その過程で、「どうしてここにこの語（句）が入っているんだろう」と疑問に思う箇所が出てくることがよくある。そのときには要注意だ。なぜか。余分な語や同義表現の繰り返し(redundancy)を指摘させる問題が頻繁に出題されるからである。

● シミュレーション1 ●

The basic constituents which make up the atom they are the
　　　　　　　　　　　　　A　　　　B　　　　　　　C
neutron, electron, and proton.
　　　　　　　　　　D

Answer： Ⓐ Ⓑ Ⓒ Ⓓ

◆解説と解答

　問題文の主語はThe basic constituents、動詞がareである。SVCの基本文型であることはすぐにわかる。which以下はconstituentsにかかる関係代名詞。(A)(B)に問題はない。(C)のtheyはどうだろう。theyはこの文の主語を指しているようだが、areの前に入れる必要があるだろうか。theyはどう見ても余分である。もちろん(D)のandに問題はない。英文の意味は「原子を構成する基本要素には中性子、電子、そして陽子がある」となる。【解答：C】

● シミュレーション2 ●

Wars happen and break out due to simple misunderstandings
　　　　　　　A　　　　　　　　　　　B
as often as for other reasons.
　C　　　　D

Answer： Ⓐ Ⓑ Ⓒ Ⓓ

◆解説と解答

　うっかりすると見逃してしまいそうな間違いである。問題文の意味は「戦争は、単純な誤解から起こることがよくある」。as以下で「他の理由でもよく起こる」ことを付け加えている。(B)のsimpleは名詞misunderstandingsにかかる形

容詞である。問題はない。as often asおよびその後に続く前置詞のforに文法的な誤りはない。残るは(A)だけである。あわてずに考えれば、なにがおかしいのかすぐに気づく。happenとbreak out 同じような意味の動詞を繰り返すのは不自然である。どちらか一方で意味は十分に通じる。【解答：A】

● シミュレーション３ ●

The Plains Indians were renowned for their beadwork,
        A   B
horsemanship, and for their hunting.
      C   D

Answer： Ⓐ Ⓑ Ⓒ Ⓓ

◆解説と解答

「プレーンズ・インディアンは〜で有名だった」がこの文の基本的な意味である。(A)から順に下線部をチェックしていこう。(A)は複数形のIndiansに呼応しているのでwereでいい。(B) be renowned for〜「〜で有名」、(C) andにも問題はない。では、(D)のどこに誤りがあるのか。for their以下に注目してほしい。「ビーズ細工、馬に乗る技術、そして狩り」と名詞が並列されているが、andの後に再度for theirを繰り返す必要があるだろうか？ 答えは、ノーである。２番目のfor theirは文体的に見てやはり余分である。【解答：D】

Key Word 2　呼応と対応

　(1) 主語と動詞の人称・数の呼応、(2) 名詞（句）と代名詞の対応、この 2 点にかかわる問題も頻繁に出題される。基本的な文法事項ではあるが、前後関係をしっかりと把握しておかないと、間違いの箇所を見逃してしまうことがよくある。基本的だからといって侮ってはいけない。グラマー・セクションで高得点を取るには、絶対に落とせない問題である。では、さっそく具体的な出題パターンを見てみよう。

● シミュレーション 4 ●

The amount <u>of useful energy</u> output <u>in energy</u> conversions <u>are</u>
　　　　　　　A　　　　　　　　　　B　　　　　　　　C
always less than the amount of <u>input energy</u>.
　　　　　　　　　　　　　　　　　D

Answer：Ⓐ Ⓑ Ⓒ Ⓓ

◆解説と解答

　一読しただけでは間違いの箇所に気づかないかもしれない。もう一度問題文を読んでみよう。「エネルギー転換によって生じる利用可能なエネルギー量は、使用されたエネルギー量よりも少ないのが常である」。意味は通じるが、どこかに間違いがある。この文の主語はなにか。The amount である。これに呼応する be 動詞は is のはずだが are になっている。これが間違いである。【解答：C】

● シミュレーション 5 ●

Drug use continues <u>to increase</u> in U.S. cities, <u>in spite of</u>
　　　　　　　　　　A　　　　　　　　　　　　　　B
<u>the efforts</u> of federal and local law enforcement　officials to curb
　　C
<u>them</u>.
　D

Answer：Ⓐ Ⓑ Ⓒ Ⓓ

◆解説と解答

　まず気になるのが、to 不定詞である。continue の後は ing 形では、と疑問をもつかもしれない。しかし、continue は to および ing の両方を取るので間違いではない。in spite of の後には名詞句が続いている。efforts はさまざまな努力を意味し

ているので複数形になっている。消去法でいけば、(D)が答。念のために確認しておこう。代名詞のthemはなにを指しているのか。問題文を読み直してみる。「アメリカの都市における薬物の使用は増え続けている」が前半の意味。in spite of以下は「連邦およびその地域の法の執行官（警察官）の抑制しようとする努力にもかかわらず」となる。抑制しようとしているのはdrug useのことである。ということはcurbの後にくる代名詞はthemではなくitにしなくてはならない。
【解答：D】

● シミュレーション6 ●

The salaries of American business executives are much higher
　　A　　　　　　　　　　　　　　　　　　　　　　　　　B
than that of Asian and European executives.
　　　C　　　　　D

Answer：Ⓐ Ⓑ Ⓒ Ⓓ

◆解説と解答

英文の内容は、管理職の給料比較である。順に下線部をチェックしていこう。(A)のsalariesは、その後に続くareを見れば、複数形でいいことがわかる。次の比較の部分はどうか。higherを強調するためにmuchが使われている。問題はない。続けて(C)のthatはどうか。なにを受けているのか。文脈からすれば、当然前のsalariesである。thatでは複数形の名詞を受けることはできない。thoseとしてはじめて文法的になる。(D)の語順は、前に出ているAmerican〜の部分を見れば正しいことがすぐにわかる。【解答：C】

Key Word 3　動詞の時制と用法

　問題文を見て、動詞の部分に下線が引かれている場合には、次のふたつの視点からその箇所に間違いがないかどうかをチェックする必要がある。まず、前後の流れから判断して、時制が一致しているかどうか。次に、動詞が正しく用いられているかどうかをチェックする。時制に関しては、仮定法に、また、動詞の用法に関しては、受け身、自動詞と他動詞の使い分けに特に注意する必要がある。

```
──── ● シミュレーション7 ● ────
　It was the launching of Sputnik in the late fifties that spur
　　　A      B                    C                        D
America's "race into space."

                                        Answer： Ⓐ Ⓑ Ⓒ Ⓓ
```

◆解説と解答
　問題文の意味は「50年代後期のスプートニク打ち上げがアメリカの宇宙競争に拍車をかけた」。It～thatの強調構文である。出だしはIt wasと過去形になっている。thatまでは間違いがなさそうだ。(D)はどうだろう。動詞spurに下線が引いてある。流れからすれば、thatに続く動詞は過去形になるはずだが。spurの活用を確認しよう。spur-spurred-spurredである。したがって、時制を一致させるためにはspurをspurredとしなくてはならないことになる。【解答：D】


```
──── ● シミュレーション8 ● ────
　If the sun is suddenly to stop giving off light, we would still
                A          B                                  C
continue to see it for about eight minutes.
                   D
                                        Answer： Ⓐ Ⓑ Ⓒ Ⓓ
```

◆解説と解答
　問題文が仮定法であることがわかれば、答を見つけるのはたやすい。If the sun is～すぐにこの部分がおかしいことに気づく。全文を読んでみる。後半はwe would～となっている。このことから、仮定法過去を用いて、If the sun were

suddenly to～「もし万が一太陽が光を発しなくなったとしても～」となることがわかる。仮定法にかかわる問題は、さまざまな形式で出題される。この機会に、仮定法過去および過去完了の用法を中心に文法書で復習をしておくといい。
【解答：A】

● シミュレーション9 ●

The end of the Cold War <u>gives us</u> reason for optimism, <u>but it is</u>
　　　　　　　　　　　　　　A　　　　　　　　　　　　　　　　　　B
too early to say <u>whether</u> a halt to the global arms race will be
　　　　　　　　　　　C
<u>achieve</u>.
　D

Answer：Ⓐ Ⓑ Ⓒ Ⓓ

◆解説と解答

　下線部をチェックしてみる。動詞の部分に3カ所も下線が引かれている。それぞれ時制と用法の観点から間違いがないか調べてみよう。「冷戦が終わったということで楽観的に考えてしまう（楽観的に考える理由を与える）」。これが前半の意味である。文意からして現在形のgives usには問題がないようだ。後半の意味は「しかし、全体的な軍事競争の停止が達成されるかどうかというのは時期尚早である」となる。but it isおよびwhetherに文法的な誤りはない。もちろんit isの時制に問題はない。(D) achieveの用法が間違っているのは明らかである。will be achievedと受け身にならなければ文が成立しないことになる。
【解答：D】

Key Word 4　品詞

　品詞に関する問題で最も出題頻度が高いのが形容詞と副詞である。出題パターンとしては、本来副詞であるべきものが形容詞になっていたり、また、その逆であったりすることが多い。問題となる箇所には下線部が引かれているので、形容詞と副詞の用法に注意してさえいれば、まず間違いの箇所を見逃すことはないだろう。しかし、名詞であるべきところが形容詞や動詞になっていたり、現在分詞と過去分詞の使い分けが問題になっているような場合には、間違いを見つけるのに多少時間がかかるかもしれない。

● シミュレーション10 ●

With the invention of more complex microchips, computer
　　　A　　　　　　　　　　B
technology continues to grow rapid.
　　　　　　　　C　　　　　　　D

Answer： Ⓐ Ⓑ Ⓒ Ⓓ

◆解説と解答

　出だしのwithの用法、および複数形のmicrochips（可算名詞）に問題はない。意味は「より複雑なマイクロチップの発明で」となる。continuesがtoおよびing形を取ることはもうわかっている。残るは(D)だけである。動詞のgrowを形容詞のrapidでは修飾できない。rapidlyと副詞にすれば文法的になる。後半の意味は「コンピューター・テクノロジーは急速に成長し続けている」である。
【解答：D】

● シミュレーション11 ●

In generally, England slopes from west to east, with the highest
　　A　　　　　　　　　　　　B　　　　　　　　　C
mountains in the western part and the lowlands in the east.
　　　　　　　　　　　　　　　　　　　　　　　　　　D

Answer： Ⓐ Ⓑ Ⓒ Ⓓ

◆解説と解答

　問題文の前後に前置詞句があるので、複雑な文のように見えるが、実際はS (England) ＋V (slopes)の単純な文型である。問題になっているのはほとんどが

前置詞を伴う表現である。(A)から順に見ていこう。In generally...正しいように も思えるが。繰り返し読んでみる。なにか引っ掛かるものがある。「一般的に」 はin generallyではなくin generalだということに気づく。他の箇所では(B)の冠詞 の有無が気になるところであるが、slopes from west to eastで「西から東に傾斜 している」という意味になり、冠詞は必要ない。【解答：A】

● シミュレーション12 ●

Turkey was <u>introduced to</u> Europe by America in the 16th century
　　　　　　　　　A
and quickly replaced goose <u>in popular</u> because of <u>its more plentiful</u>
　　　　　　　　　　　　　　　B　　　　　　　　　　　C
and <u>less fatty</u> meat.
　　　　D

Answer：Ⓐ Ⓑ Ⓒ Ⓓ

◆解説と解答

　まず問題文の意味を確認しよう。「七面鳥は16世紀にアメリカからヨーロッパに持ち込まれた。肉が多く、脂が少ないので、急速に人気が上がり、ガチョウに取って代わるようになった」。まず、(A)はwas introduced toと受け身になっているので問題はない。次のin popularはどうだろう。「人気（の点で）」という意味を表すにはpopularを名詞にする必要があるのではないか。in popularityとすれば、すっきりする。(B)が間違っていたことになる。(C)(D)の its more plentifulおよびless fattyの比較級の用法に誤りはない。【解答：B】

● シミュレーション13 ●

The Apollo program, <u>initiating</u> in the early 1960s, reached <u>its</u>
　　　　　　　　　　　　　A　　　　　　　　　　　　　　　　　B
climax <u>with</u> the Apollo vehicles <u>of 1968 and 1969</u>.
　　　　C　　　　　　　　　　　　　　D

Answer：Ⓐ Ⓑ Ⓒ Ⓓ

◆解説と解答

　この問題はかなり手ごわい。文の意味と動詞の用法が頭に入っていなければ間違いの箇所がわからない。ここまでいってしまえば(A)が答であることがわかるはずだ。しかし、ここで考えてほしい。なにが間違っているのか？　この文

の主語はThe Apollo programである。その後に続くinitiating 〜1960sは挿入語句で、その意味は「1960年代に始められた」である。「始められた」この部分に注目しよう。initiateには「〜を始める、開始する」という意味の他動詞の用法があるが、自動詞の用法はない。したがって、The Apollo program, (which was) initiated in〜としなければ文が成立しなくなる。問題文ではwhich wasが省略されていると考えればいい。【解答：A】

Key Word 5 形式の統一

　形式の統一については、Part AのKey Word 7で説明済みである。必要ならば再度その部分を読み返してほしい。Part AとBでは問題の形式が違うが、使われている語（句）の形式が統一されているかどうかという視点を持つことで、見逃してしまいがちな間違いを見つけることができるようになるはずである。では、実際に問題を解いてみよう。

● シミュレーション14 ●

<u>No matter</u> what the subject, to study consistently is <u>far more</u>
　　A　　　　　　　　　　　　　　　　　　　　　　　　　　B
important than <u>studying</u> <u>quickly</u>.
　　　　　　　　C　　　　D

Answer： Ⓐ Ⓑ Ⓒ Ⓓ

◆解説と解答

　まず最初のNo matterの用法に疑問をもつ。しかし、No matter what the subject (may be)「科目がなんであろうと」であると考えれば文法的に正しいことがわかる。(B)のfar more〜thanは基本的な比較構文である。farは強調のために使われている。残る(C)(D)を見ても文法的な誤りは見当たらない？　ここで「形式の統一」の観点から問題文をもう一度読み直してみよう。to studyがこの文の主語である。比較の対象がthan studying〜となっている。不定詞と動名詞では統一が取れない。than to studyとすれば、文体的に問題がなくなる。【解答：C】

● シミュレーション15 ●

<u>Once every ten years</u>, the Census Bureau conducts <u>its</u> count of
　　　　A　　　　　　　　　　　　　　　　　　　　　　　B
men, women, and <u>child</u> <u>throughout</u> the United States.
　　　　　　　　　C　　　D

Answer： Ⓐ Ⓑ Ⓒ Ⓓ

◆解説と解答

　問題文を読んでまず気になるのが(A)である。everyに対してyearsと複数形になっている。しかし、これは「10年に一度」という意味で正しい表現である。(B)のitsは前のthe Census Bureauを受けている。問題はない。(C)のchildはどうだ

ろう。men, women andと続きchildだけが単数になっているのはおかしい。childrenと複数形にすれば問題が解決する。問題文の意味は「10年に一度、人口調査局はアメリカ中の男性、女性、そして子どもの数の調査を行う」となる。
【解答：C】

● シミュレーション16 ●

Macaws are tropical birds which have <u>partially bare</u> faces, sword-
                                              A
shaped tails, and <u>with</u> powerful bills <u>for</u> eating <u>nutmeats</u>.
                    B   C   D

Answer： Ⓐ Ⓑ Ⓒ Ⓓ

◆解説と解答

　Part Aの問題も含めると、これまでに「形式の統一」に関する問題を4問解いてきたことになる。間違いの見つけ方の要領がつかめただろうか。さらにもう1問、最終確認のつもりで解いてみよう。問題文の内容はMacaws「コンゴウインコ」の特徴に関するものである。birds which have以下は「部分的にはげている（羽がはえていない）顔、剣のような尾」となり、and以下もwhich haveに続くはずである。しかし、andの後にwithが使われている。which haveもwithもここでは同じような働きをしている。そうであるならば、形式の違うwithの代わりにwhich haveを用いるべきなのだが、文の流れからしてwhich haveを繰り返して使う必要はない。結論は、withを削除すればいいのである。【解答：B】

Key Word 6　比較

　比較構文もPart A・Bに共通して出題される文法項目のひとつである。Part Aで指摘したとおり、比較にはさまざまな構文や表現法がある。再度、文法書で比較全般の復習をしておくといいだろう。過去の出題例を見ると、比較的単純な間違いが多いので、Part Aよりも取り組みやすいようだ。うっかりして基本的な間違いを見逃さないように注意したい。

● シミュレーション17 ●

　<u>In</u> large U.S. cities, <u>eating out</u> costs at least <u>twice</u> as much <u>than</u>
　A　　　　　　　　　B　　　　　　　　　　C　　　　　　　D
eating at home.

Answer：Ⓐ Ⓑ Ⓒ Ⓓ

◆解説と解答

　問題文に比較表現が含まれている際には、まず、その部分に間違いがあるのではないかと疑ってみることである。単純な比較構文ならば、詳しく分析しなくとも、文頭から順に読んでいけばまず間違いを見逃すことはないだろう。下線部(C)と(D)に注目してほしい。twice as much thanとなっている。thanが間違っているのは一目瞭然である。twice as much as 〜 で正しい表現となる。

【解答：D】

● シミュレーション18 ●

　<u>The more</u> words the reader can instantly <u>recognize</u> in the context
　　A　　　　　　　　　　　　　　　　　　　　B
of sentences and paragraphs, <u>the easily</u> he can deal with unfamiliar
　　　　　　　　　　　　　　　　　C
or <u>forgotten</u> words.
　　D

Answer：Ⓐ Ⓑ Ⓒ Ⓓ

◆解説と解答

　文頭の語句に注目！ The＋比較級ではじまっている。当然、後にthe＋比較級が出てくるはずである。問題文を読んでみる。カンマの後にtheがあるが、比

較級にはなっていない。全体の意味を考えてみよう。「読者が文や段落の中ですぐにわかるような単語が多ければ多いほど、馴染みのない単語や忘れてしまった単語に対処するのがそれだけやさしくなる」。やはりthe easilyではおかしい。the easilierにする？　正しくはthe more easilyである。最初の予想どおり(C)が間違っていたのだ。【解答：C】

Key Word 7　接続詞・関係詞

　ここでいう接続詞の中には、接続詞的な働きをする語句（前置詞など）も含まれている。また、関係詞は、関係代名詞および関係副詞のことを主に意味している。接続詞・関係詞の用法に関する間違いは、問題文を一度読んだだけではわからないことが多い。全体の意味や、前後の流れを把握した上で、慎重に文の構造を分析する必要がある。Part Aでも指摘したことであるが、in spite of＋名詞（句）、despite＋名詞（句）の用法を混同しないように注意したい。

● シミュレーション19 ●

　<u>Despite</u> it is insoluble in pure water, limestone <u>is dissolved</u> by
　　A　　　　　　　　　　　　　　　　　　　　　　　　B
rainwater <u>containing</u> carbon dioxide <u>from the air</u> and the soil.
　　　　　　　C　　　　　　　　　　　　D

Answer：Ⓐ Ⓑ Ⓒ Ⓓ

◆解説と解答

　Despiteを見たら、間違いと思え！　問題文の意味を考えると、Despiteの用法に間違いはないようだが……。Despiteは前置詞である。すぐ後に文が続くことはない。Despite it isを見ただけで、(A)が間違いであることがわかる。ThoughあるいはAlthoughを用いれば文法的な文になる。(C)のcontainingはwhich containsであると考えればいい。問題文の意味は「石灰岩は水には溶けないが、空気や土壌からの二酸化炭素を含む雨水には溶けてしまう」となる。
【解答：A】

● シミュレーション20 ●

Neither the <u>failure to win</u> a decisive victory in Korea <u>or</u> the
　　　　　　　　A　　　　　　　　　　　　　　　　　　　　　　B
military and political loss of Vietnam <u>deprived</u> the U.S. armed
　　　　　　　　　　　　　　　　　　　　　C
forces <u>of</u> continued tax funding and public support.
　　　　D

Answer：Ⓐ Ⓑ Ⓒ Ⓓ

◆解説と解答

　問題文はNeitherではじまっている。norが後で使われる可能性を踏まえて文を

読む。主語はNeitherからVietnam、deprivedが動詞である。主語をもう一度チェックしてほしい。norの代わりにorが使われていなかったか。(B)が間違いである。deprive～ofのパターンを知っていれば(C)と(D)は間違いではないことがわかる。問題文の意味は「朝鮮で決定的な勝利をおさめることもできず、ベトナムで軍事的、政治的な損失を出したが、アメリカ軍部に対する税金からの継続した資金供給が打ち切られ、国の支持が失われるということはなかった」である。
【解答：B】

● シミュレーション21 ●

To the scientists at NASA whom had worked so hard on the
   A   B   C
Jupiter Project, the impending budget cuts were a terrible
                D
disappointment.

Answer : Ⓐ Ⓑ Ⓒ Ⓓ

◆解説と解答

 Toからprojectまでが「ジュピター計画に熱心に取り組んできたNASAの科学者にとって」という意味の修飾節。the impending budget cuts「差し迫った経費削減」が問題文の主語、wereが動詞、a terrible disappointment「ひどくがっかりさせられること」が補語。SVC文型である。下線部で問題になりそうなのは、(B)の関係代名詞と(D)のwereである。まず、関係代名詞の用法をチェック。先行詞はthe scientistsである。whomの後にhad workedと動詞が続くのはおかしい。この関係代名詞は主格であるはずだ。whomをwhoにすれば問題は解決する。(D)のwere は直前の複数形cuts に呼応しているので問題はない。【解答：B】

Key Word 8　語順

　語順といえば、倒置。倒置といえば、文頭の否定語。このことは頭に入っているだろうか。Part Aで指摘したことである。否定語が文頭に来ることによって起こる語順の倒置は、Part Bの間違い探しにも頻繁に登場する。この他にも、語順に関するさまざまな問題が出題されるが、間違った語順に惑わされることのないように、冷静に問題文を分析する目が必要である。

シミュレーション22

Not until a doctor has completed his internship he can begin
　 A　　　　　　　　 B　　　　　　　　　　　　　C
to practice medicine on his own.
　 D

Answer： Ⓐ Ⓑ Ⓒ Ⓓ

◆解説と解答

　Not until〜否定語で文がはじまっている。「しめた。語順の倒置だ」とばかりに、(B)を答として選んではいけない。Not untilはinternshipまで続いている。ここでhasを倒置することはない。he can〜以降で語順が倒置されることになる。この点に注意してほしい。(C)はcan heとなってはじめて「実習期間を終えるまでは、医者は自分自身で開業できない」という意味の文法的な文が成立することになる。【解答：C】

シミュレーション23

Had you known the penalties, you would not have failure to
　 A　　　　　　　　　　　　　　　　　　 B　　　　　 C
report all of the income you earned last year.
　　　　　　　　　　　　　　 D

Answer： Ⓐ Ⓑ Ⓒ Ⓓ

◆解説と解答

　下線部から判断すると、動詞の時制が問題になっているようだ。出だしから英文をチェックしてみよう。Had youで文がはじまっている。疑問文なのか。しかし、文末に？（クエスチョン・マーク）がない。この語順ではおかしい。hadおよびwould not haveがあることから仮定法の過去完了ではないか、と疑ってみ

る。もしそうならば、If you had known〜をHad you knownと語順倒置して、Ifを使わない方法がある。問題文の意味は「もしあなたがその罰則を知っていたら、必ず昨年の全収入を申告していただろう」である。やはり仮定法過去完了だ。(A)は文法的に正しいことになる。では、どこに間違いがあるのか。(C)のfailureを見てほしい。この文脈で名詞になっているのはおかしい。failedと過去分詞にして、仮定法の過去完了ができあがる。

　ここでひとつ付け加えておく。英文中にyouが使われているが、実際の試験では、問題文にIやYouが登場することはまずない。ここでは、仮定法の過去完了の語順をわかりやすく説明するためにあえてyouを含む文を使用した。

【解答：C】

● シミュレーション24 ●

All of the mountains in the world, Everest is the highest.
　A　　　　 B　　　　C　　　　　　　　　　　D

Answer：Ⓐ Ⓑ Ⓒ Ⓓ

◆解説と解答

非常に単純な文である。どこかに間違いがあるはずなのだが…。(D)のtheが余分？ そんなことはない。本来の語順を考えてみよう。Everest is the highest all of 〜ではおかしい。the highest of all the mountainsが自然な語順である。このof all以下が文頭に出たと考えれば(A)の語順が間違っていることに気づくはずだ。Of all the mountains〜とすれば文法的になる。【解答：A】

Key Word 9　単数・複数・冠詞

　基本的な文法事項ではあるが、いざ問題となって出題されると、思ったよりも難しく思えるのが単複の区別および冠詞の有無である。なかには「えっ、これが答なの」と思わず口に出てしまうようなやさしい問題もあるが、informationsやfurnituresなどのように、つい悩んでしまうような不可算名詞に関する問題もよく出題される。日頃から、不可算名詞や冠詞の用法に注意しながらさまざまな文章を読むように心掛けるといいだろう。

● シミュレーション25 ●

<u>A large portion</u> of the <u>overhead costs</u> in the construction industry
　　A　　　　　　　　B
<u>is</u> for <u>equipments</u>.
C　　　D

Answer：Ⓐ Ⓑ Ⓒ Ⓓ

◆解説と解答

　(C) のisをまずチェックしておこう。(B)のcostsに呼応しているのならareとなるはずだが、この文の主語はA large portionである。isに問題はない。costには複数形で「費用」という意味がある。消去法でいけばequipmentsが間違っていることになるが、自信がない？　ちょうどいい機会である。equipmentを辞書で調べてみよう。なんと出ていたか？　不可算名詞、意味は「準備、設備」。やはり、equipmentにはsがつかないのである。問題文の意味は「建設業における一般費用のほとんどは設備のためのものである」となる。【解答：D】

● シミュレーション26 ●

John F. Kennedy <u>used</u> <u>to take</u> several <u>ten-minutes</u> naps
　　　　　　　　　A　　　B　　　　　　　C
<u>every day</u>.
D

Answer：Ⓐ Ⓑ Ⓒ Ⓓ

◆解説と解答

　一度読んで間違いらしき箇所が見つからないときには、つい、とんでもないところに疑問を抱いてしまうものである。たとえば、(D)のevery dayをeveryday

83

ではないかと疑ったり…。答は(C)なのだが、その理由がわかるだろうか。 tenとminutesの間にハイフン（-）が打ってある。これはten-minutesが形容詞であることを意味している。ここで注意してほしい。ハイフンを使って複数形を含む表現を形容詞にする場合には、複数形を用いてはいけないというルールがある。したがって、(C)の場合は、ten-minuteとして「毎日数回10分ほどの居眠りをする」という意味を表す。具体例をいくつか挙げておく。ex. a six-year-old boy「６歳の男の子」、a twenty-dollar tie「20ドルのネクタイ」【解答：C】

● シミュレーション27 ●

Calcium, found <u>abundantly</u> in milk and <u>other dairy products</u>, is <u>a</u>
　　　　　　　　　A　　　　　　　　　　　　　　B　　　　　　　　　　C
important part of <u>a healthy diet</u>.
　　　　　　　　　D

Answer： Ⓐ Ⓑ Ⓒ Ⓓ

◆解説と解答

　実際にTOEFLを受けてみればわかることだが、グラマー・セクションのPart Bには、下線部を見たとたんに答がわかってしまうような問題が毎回のように出題されている。この問題がまさにそうだ。答はどれか。もちろん(C)である。importantの前ではaはanになるはずである。このような問題にあまり時間をかける必要はない。すばやく解答をマークして次の問題へ！　【解答：C】

Key Word 10　イディオム

文法問題を解くには、語彙が豊富であることに越したことはない。特に、イディオムに関する問題は、その表現を知っているかどうかが決め手となる。リスニング・セクションにも頻繁に登場するイディオム。この際、各自で目標を設定し、こつこつと覚えていくといいだろう。

❀ シミュレーション28 ❀

<u>One of</u> the primary qualities <u>necessary</u> for success <u>on the floor</u> of
　　A　　　　　　　　　　　　B　　　　　　　　　　　　C
the stock exchange is the ability to <u>cope of</u> stress.
　　　　　　　　　　　　　　　　　　　　D

Answer： Ⓐ Ⓑ Ⓒ Ⓓ

◆解説と解答―――――

下線部をチェックしながら問題文を読んでいく。One of the 〜 に問題はない。次のnecessaryは、which areを前に補って考えればいい。on the floorにも前後の流れからすると特に間違いはないように思える。意味も「株式取引所のフロアーで成功するための主要な資質のひとつは」となりおかしくはない。残るは(D)である。cope of 〜という言い方をするかどうかである。答は、しない、である。cope with 〜「〜に対処する」とすれば意味が通じるようになる。【解答：D】

❀ シミュレーション29 ❀

<u>Even today</u> some laws in Europe and America <u>are based for</u> the
　　A　　　　　　　　　　　　　　　　　　　　　　　　　B
Roman emperor <u>Justinian's</u> <u>code of laws</u>.
　　　　　　　　　　C　　　　　　D

Answer： Ⓐ Ⓑ Ⓒ Ⓓ

◆解説と解答―――――

下線部を順に見ていこう。(A) Even today「今日でも」。lawsを受けて(B) are based for 〜ここのつながりがよくない。もう一度問題の箇所を読み直してみる。are based forはやはりおかしい。are based on 〜で「ローマ皇帝のユスティニアヌス法典に基づいている」となるはずだ。(B)の前置詞の使い方が間違っていたことになる。【解答：B】

85

> ● シミュレーション30 ●
>
> <u>The</u> Nobel Prize <u>is thought of</u> the highest achievement <u>in</u> science,
> A   B   C
> <u>economics</u>, and literature.
> D
>
> Answer： Ⓐ Ⓑ Ⓒ Ⓓ

◆解説と解答

　まずは問題文の意味を確認しよう。「ノーベル賞は、科学、経済学、文学における最高の功績として考えられている」。出だしの冠詞に問題はない。is thought ofにも誤りはないように思えるが、果たしてそうか。「〜として考えられている」のならis thought of as〜になるはずである。asがなければ受け身の文は成立しないことになる。説明を聞けば、なるほど、と納得するかもしれない。しかし、実際に問題を解く際には、be thought of as 〜を知っているかどうかが決め手となる。【解答：B】

実戦編
練習問題で実力アップ

Practice Test 1
Practice Test 2
Practice Test 3
Practice Test 4

Chapter 3

Practice Test 1

● テーマ ● 出題傾向を把握し、基本的な出題パターンに慣れる

　問題へのアプローチ法および20のキーワードは頭に入っているだろうか。また、シミュレーション問題を通じて、問題攻略の基本が理解できただろうか。ここでは、実際の試験と同数の問題を解きながら、基本的な出題パターンを再確認し、基礎編で学んだことを実践してみよう。

　問題に取りかかる前に、もう一度キーワードの確認をしておこう。準備はいいだろうか。問題はPart A 15問、Part B 25問である。制限時間は25分。途中で休憩をとらないこと。では、はじめよう。

（注）試験終了後、自己採点をするわけだが、その際に間違えた問題はそのままにせず、解説を参考の上、間違えた原因を必ず分析し、該当するキーワードを再点検しておくといいだろう。

Part A

1. ･･･････ two kinds of friction involved in moving anything.
   (A) There are
   (B) Are there
   (C) It is
   (D) The

2. ･･･････ in one year birds eat more than 300 weed seeds for every square foot of farmland in the United States.
   (A) Shown by studies
   (B) Studies which show
   (C) Studies show that
   (D) The studies showing

3. ･･･････, one of the most colorful controversial Monarchs of Great Britain, knew little about ruling an empire when she became Queen.
   (A) Queen Victoria
   (B) It was Queen Victoria
   (C) Queen Victoria was
   (D) While Queen Victoria

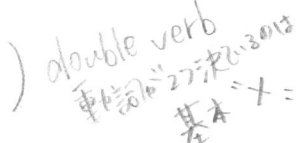

4. ･･･････ acid rain is caused by pollution has not always been obvious.
   (A) In fact
   (B) The fact is
   (C) The fact that
   (D) It is a fact

5. ･･･････ Mary Lewis was not a professional astronomer, she discovered and named four stars.
   (A) As
   (B) Rather
   (C) Because
   (D) Although

Go on to the next page ➡ 89

6. Cancer can strike a person of any age, ········ it is most common among older people.
   (A) because
   (B) but
   (C) while
   (D) since

7. The huge libraries of clay tablets ········ by the Babylonians and the Assyrians lay buried for thousands of years.
   (A) creating
   (B) which were creating
   (C) which created
   (D) which were created

8. For a while, a film creates a world ········ a viewer can live.
   (A) being
   (B) in that
   (C) it is
   (D) in which

9. Not until a writer has mastered the basic rules of punctuation ········ style and usage.
   (A) should he begin to experiment with
   (B) he should begin to experiment with
   (C) begins he to experiment with
   (D) he begins to experiment with

10. The alpine lily is ········ alpine species.
    (A) the most tallest among all
    (B) the tallest among all
    (C) among the tallest of all
    (D) among all the tallest

11. More scientific experiments have been done on rats ········ any other animal.
    (A) than of
    (B) than on
    (C) than more
    (D) than that

12. Most motorcycles sold today are ········ machines.
    (A) economically and comfortable
    (B) economically and comfortably
    (C) economical and comfortably
    (D) economical and comfortable

13. The Old London Bridge was built by Peter of Colechurch between 1176 and 1209, ········ an old timber structure.
    (A) which replaced
    (B) replacing
    (C) replaced
    (D) was replaced

14. The pig, ········ many people to be lazy, dirty, and stupid, is actually one of the most intelligent of all animals.
    (A) believing
    (B) which is believed
    (C) believed by
    (D) believe in

15. Abraham Lincoln is ········ one of the greatest American presidents.
    (A) regarded being
    (B) regarded as
    (C) in regard to
    (D) regarded

Go on to the next page

Part B

16. Microorganisms they have been used for thousands of years in the
                  A   B   C   D
    production of wine, beer, and cheese.

17. Prenatal care and prevention of infection in mothers at childbirth have
                          A   B   C
    reduced down maternal mortality.
    D

18. There has been many breakthroughs in the field of physics in the last
              A   B   C
    decade, particularly in superconductivity and particle physics.
            D

19. People have been using various kinds of cleansing agents for
               A   B
    thousands of years, because water itself do not readily get rid of dirt
    C   D
    and grease.

20. In addition to their strong smell, garlic is believed in folk medicine
                    A   B
    to have healing qualities.
    C   D

21. Mule deer are so named because their large ears resemble that of mules.
                 A   B   C   D

22. Some wave motion occurred at great depth, but most waves are caused
    A   B   C
    by the wind blowing over an open stretch of water.
                            D

92

23. The bluffs of the Mississippi River valley in the upper Midwest
                                             A
    are cover with hardwood forests from central Minnesota through
    B   C   D
    southern Illinois.

24. During periods of inflation, there is intense pressure on the Federal
                                    A   B   C
    Reserve Board to rise the Prime Interest Rate.
                    D

25. Although a laboratory chemist may be able to analyze the make-up of a
    A   B
    compound perfect, he still may not be able to synthesize it.
             C   D

26. The Point Four Program undertook to make the benefits of America's
                            A
    scientific and industrial progress available for the improve of and
    B   C
    growth of underdeveloped areas.
                D

27. Students who choose to major in one of the Liberal Arts disciplines,
             A
    such as English, psychologist, or economics, will complete courses
    B   C
    designed to foster independent thinking.
    D

28. Fulbright scholarships provide American students and teachers with
                            A
    funds to study, teach, or conducting research overseas.
    B   C   D

29. The Apple River Canyon, with a depth of 3,600 feet, is deeper that the
                            A   B   C   D
    Red River Canyon.

Go on to the next page   93

30. For the average American, bread is the usualer form of staple food,
                  A   B   C
    not rice.
    D

31. Although major airports require large amounts of passenger and freight
       A   B
    traffic, they are located near urban centers.
             C   D

32. A person which has been convicted of breaking a federal law is usually
              A   B
    incarcerated at a federal penitentiary and forfeits all voting rights.
       C   D

33. Mercury-vapor lamps are widely used in medicine because of their
          A   B   C
    ultraviolet rays kill bacteria.
          D

34. Had the discovery of America delayed a few centuries, the history of
      A   B
    Middle America would have been much more like that of modern Asia.
                         C   D

35. James returned to America for a visit before shortly his mother's
            A   B   C
    unexpected death in 1882.
          D

36. The late fifteenth and early sixteenth centuries make up one of the most
       A   B
    momentous period in European history.
        C   D

37. Biologically, the tomato is actually a kind of fruits, though it is
        A   B   C
    thought by most people to be a vegetable.
        D

38. The United States government has passed number of laws to curb the
                                                            A   B
    growth of monopolies, with varying degrees of success.
                C   D

39. The designation of an animal as a vertebrate or invertebrate depends, in
          A   B
    short, in whether or not it has a backbone.
           C   D

40. The study of astrology, which predates modern astronomy, dealt of the
                                          A   B
    influence of the stars and planets on human behavior.
          C   D

This is the end of Practice Test 1

Practice Test 1 解答

Part A 【解答：Questions 1 - 15】

1. A	2. C	3. A	4. C	5. D	6. B	7. D	8. D	9. A	10.C
11.B	12.D	13.B	14.C	15.B					

Part B 【解答：Questions 16 - 40】

16.A	17.D	18.A	19.D	20.A	21.D	22.B	23.B	24.D	25.C
26.C	27.C	28.D	29.D	30.B	31.A	32.A	33.C	34.B	35.C
36.C	37.C	38.A	39.C	40.B					

Practice Test 1 解説

●Part A● Questions 1-15 解説

1. **POINT**【主語・動詞1】問題文のinvolvedに注意してほしい。これが文の動詞ならば、答は(D)のtheという可能性があるのだが、果たしてそうだろうか。involvedは文脈からしてfrictionを修飾する過去分詞である。したがって、空欄にはこの文の主語と動詞が入ると考えられる。残りの選択肢を見てみよう。(B)は疑問文の語順になっているので不可。(C)のIt isの後に複数のtwo kindsが続くのはおかしい。結果的には(A)のThere areが入ることになる。
   CHECK □friction「摩擦」□involve「伴う」

2. **POINT**【主語・動詞2】in one yearの後にbirds eat～主語と動詞がある。このことを踏まえて、選択肢をひとつずつチェックしていこう。(A)Shown by～は、一見分詞構文のように見えるが、Shownの主語がbirdsではないので、これでは文が成立しない。(B) は関係代名詞whichの働きがはっきりしない。(C)Studies show thatは「研究により～ということがわかっている」となる。これが正解である。(D) はやはり分詞showingの用法がおかしいことになる。
   CHECK □weed seed「雑草の種」□square foot「平方フィート」□farmland「農地」

3. **POINT**【主語を補足する句・節1】この文の動詞はなにか。knewである。ということは空欄には主語になる語句が入るはずである。one of～ Britainは主語を補足するために挿入されていると考えればよい。選択肢を見てみよう。(B)と(C)にはwasがある。これでは動詞がふたつになってしまう。(D)はWhileではじまっているので、主語にはなりえない。(A)のQueen Victoria, 挿入語句, knew～となってはじめて文が成立することになる。
   CHECK □colorful「華やかな」□controversial「論争の的になる」□Monarch「君主」□rule an empire「帝国を統治する」

4. **POINT**【主語を補足する句・節2】問題文には動詞がふたつあるが、文構造から判断して、空欄からpollutionまでがこの文の主部、has以下が述部であると考えるのが自然である。選択肢を順に入れてみる。(A)In fact、(B)The fact isを入れるとどうなるか。なにが主語なのかがわからなくなってしまう。(C) のThe fact thatはどうか。thatは同格節を導く接続詞である。したがって、The factから～populationが文の主部ということになる。これが正解だ。(D)It is a factではisがあるために、文が成立しないのは明らかである。
   CHECK □acid rain「酸性雨」□pollution「汚染」□obvious「明らかな」

97

5.**POINT** 【接続詞１】カンマを挟んでふたつの文が続いている。空欄には接続詞が入る可能性が大である。文の流れを考慮しながら、選択肢をひとつずつ入れてみよう。(A)Asが入ると文の流れが論理的でなくなる。(B)Ratherは、このような形で文頭に使われることはない。(C)BecauseもAs同様文意が矛盾してしまう。残るは(D)である。「～だけれども」となれば、後半の文の流れに合うようになる。

CHECK □ professional「専門の」 □ astronomer「天文学者」 □ name「名づける」

6.**POINT** 【接続詞２】選択肢を見る。接続詞が並んでいる。空欄にどのような接続詞が入れば文が流れるか。文意を考えてみよう。「どのような年齢の人でも癌に冒されることがある」が前半の意味である。その後は「しかし～だ」と続くのが最も自然である。(B)のbutが入るのは明らかである。

CHECK □cancer「癌」 □strike「（病気が）襲う」

7.**POINT** 【関係詞１】選択肢から関係代名詞がポイントになっていることがわかる。このことを踏まえて、問題文の主語と動詞をチェックしてみよう。主語（主部）はThe huge librariesからthe Assyriansまで、動詞はlayである。by以下が関係代名詞を伴って前の名詞句を修飾しているようだ。byがあることから「バビロニア人とアッシリア人によって～された」と受け身になるのではないかと予想できる。(A)(B)のようにing形を用いてしまうと意味がつながらなくなる。また、(C) which createdでは次にくるbyとの関係がわからなくなってしまう。ここはやはり受け身にしてwhich were created byとすべきである。

CHECK □ clay「粘土」 □ tablet「（文字を書き込む）平板」 □ lie buried「埋まっている」

8.**POINT** 【関係詞２】空欄を挟んでふたつの文が並んでいる。空欄には、接続詞あるいは関係詞が入ることが予測できる。このことから(A)being、(C)it isが正解になりえないことはすぐに判断がつく。(B) (D)のどちらかである。関係代名詞thatの用法にはいくつかの制限があったはずである。カンマを伴う非制限用法はない。前置詞を前に置くことはできない、などなど。正解はin whichの(D)である。

CHECK □create「創造する」 □viewer「見ている人」

9.**POINT** 【語順１】Not untilで文がはじまっている。注意しなくてはならないのは？　もちろん語順の倒置である。倒置されている文が正解ということになる。選択肢を順に見てみよう。(A) should he ～助動詞が前置されている。これが正解である。念のために他の選択肢も見ておこう。(B)(D)は通常の語順になっている。(C)は動詞そのものが前置されている。このような場合にはdoes he beginとなるところである。

CHECK □ master「マスターする」 □ punctuation「句読法」 □ experiment「実験をする」

10.POINT【語順2】文の動詞はisである。選択肢から判断して、amongを伴う前置詞句の語順を問う問題であることがわかる。amongの基本的な用法を思い出してほしい。Tokyo is among the biggest cities in the world.「東京は世界で最も大きな都市のひとつである」。この文を手がかりにして、問題となる語順を考えてみよう。amongが最初にきているのは(C)と(D)である。allの位置がポイントである。「すべての～の中で」という意味にするには(C)among the tallest of all ～としなければならない。

CHECK □ alpine lily「アルプスユリ」 □ species「種類」

11.POINT【比較】問題文をひと目見れば、比較に関する表現がポイントになっていることがわかるはずである。選択肢にはすべてthanが入っている。次に続く語はなにか。空欄のすぐ前の語句に注目してみよう。on ratsとなっている。前置詞onが使われている。このことを踏まえて選択肢を再度チェックする。前置詞onが入っているのは(B)than onである。これが正解となる。

CHECK □ scientific「科学の」 □ rat「ねずみ」

12.POINT【形式の統一】soldは過去分詞で前のmotorcyclesを修飾している。問題文の動詞はareでmachinesが補語ということになる。machinesは名詞である。名詞の前にくる語は形容詞である確率が高い。選択肢には形容詞と副詞が並んでいる。多少戸惑うかもしれないが、andがあることに注意すればそれほど難しい問題ではない。andを挟んで副詞・形容詞、あるいは形容詞・副詞という語順は不自然である。(D)economical and comfortableと形容詞がふたつ並んでmachinesを修飾していると考えるのが最も自然である。

CHECK □ motorcycle「オートバイ」 □ economical「経済的な」

13.POINT【分詞構文】問題文は受け身の文として成立している。この後にreplaceをどのようにして続ければよいだろうか。ひとつずつ確認していこう。一見すると(A)でもいいように思える。しかし、whichの先行詞The Old London Bridgeがあまりにも離れすぎている。(B)はどうか。replacingは分詞構文で「～にとって代わった」という意味になる。これが正解である。(C)(D)を入れると、前にwas builtがあるので、動詞が重複してしまうことになる。

CHECK □ timber「木、材木」 □ structure「建造物」

14.POINT【省略】問題文の基本構造をまず見極めよう。The pigが主語、isが動詞、one of～が補語である。空欄からstupidまでは、前の名詞を補足するために挿入されていると考えられる。これを踏まえて選択肢をチェックしよう。(A)と(D)を入れると、「豚が信じる」という変な意味になってしまう。ここは「人々によって～だと思われている」という意味になるはずである。(B)と(C)を検討してみよう。受け身の文であるからにはbyが必要になるはずで

ある。これで(C)が正解であることがわかる。believed byの前に入るべきwhich isが省略されていたのである。

CHECK ☐ actually「実際には」 ☐ intelligent「利口な」

15.POINT【動詞の用法】isの後にregardがどのような形で続けば文が成り立つか。(A) regardedには直後に動名詞が続く用法はない。(B) はどうだろう。is regarded asで「～としてみなされている」という意味になる。これが正解である。(C)ではわけがわからなくなる。(D)にはasがないので、受け身の文が成立しないことになる。

CHECK ☐ regard「～とみなす、認める」 ☐ president「大統領」

●Part B● Questions 1 6-4 0 解説

16.POINT【余分な語1】問題文を早速チェックしよう。Microorganismsが文の主語で、have beenが動詞ということになるが…。では、haveの前にあるtheyがどういう働きをしていることになるのか。他の下線部を見ても間違いの箇所はなさそうである。このtheyが余分だったのである。

CHECK ☐ microorganism「微生物」 ☐ production「製造」

17.POINT【余分な語2】この問題はかなり手ごわい。よほど注意して問題文を読まないと、間違いを見逃してしまう。難しい単語に惑わされてはいけない。ヒントを出そう。動詞部に注目してほしい。reduced downなにかおかしくはないか。reduceの意味は「減らす、低下させる」である。ということはこの動詞のなかにはすでにdownの意味が含まれていることになる。(D)が正解。reducedだけでよかったのである。

CHECK ☐ prenatal「出産前の」 ☐ prevention「予防」、childbirth「出産」 ☐ maternal mortality「母親の死亡率」

18.POINT【呼応と対応1】基本的な問題である。注意して問題文を読めば、すぐに間違いに気づくはずである。英文をチェックしてみよう。There has been many ～なにかおかしくないか。hasがありmanyが続くはずがない。その後にもbreakthroughsと当然のように複数形の名詞が続いている。manyがあるからには、hasはhaveでなければならない。

CHECK ☐ breakthrough「発見」 ☐ decade「10年」、superconductivity「超伝導」 ☐ particle physics「素粒子物理学」

19.POINT【呼応と対応2】単数・複数に気をつけて問題文を読んでみよう。People haveには問題はない。various kindsも複数形でよい。thousandsの用法にも誤りはない。残るはdo notである。主語をチェックしてみよう。water itselfとなっている。三人称・単数である。しかも時制は現在。do notは、当然、does notにしなければならない。あわてずに問題文を読めば、間違いを見逃すことはまずないだろう。

CHECK □ cleansing agent「洗剤、洗浄剤」□ readily「たやすく」□ get rid of「取り除く」□ dirt「汚れ」□ grease「油性物質、脂」

20.POINT【呼応と対応3】代名詞が問題を解くカギを握っている。(A)のtheirがなにを指しているのかを考えてみよう。qualitiesを受けているのならtheirでよいが、文脈から判断して、theirはすぐ後に出ているgarlicを指しているはずである。garlicは単数の名詞。したがって、theirではおかしいことになる。its にしなければならない。

CHECK □ in addition to「〜の他に」□ garlic「ニンニク」□ folk medicine「民間医療」□ healing「（傷や病気などを）治す」

21.POINT【呼応と対応4】Mule deerを見て、次のareがおかしいと早とちりをしてはいけない。deerは単複同形である。したがってareに問題はない。because以下には、理由が述べられているので、このままでよい。resembleかthatのどちらかが間違っているはずで ある。thatに注目してみよう。このthatが指しているものはなにか。large earsのはずである。複数名詞を受けるにはthatをthoseに替えなくてはならない。

CHECK □ Mule deer「ミュールジカ」□ resemble「似ている」□ mule「ラバ」

22.POINT【動詞の時制と用法1】問題文の動詞に注目しよう。まず、occurredと過去形になっている。次の動詞はare causedと現在形である。どちらかの時制が間違っているに違いない。問題文は、波の動きに関する事実を述べている。したがって、動詞の時制は現在形であるはずだ。occurredはoccursとしなければならない。

CHECK □ occur「生じる」□ depth「深さ」□ stretch「広がり」

23.POINT【動詞の時制と用法2】問題文の主語の意味を理解するのは多少難しいかもしれない。あまり意味にこだわりすぎてしまうと、かえって問題文の基本構造を見失うことになりかねないので要注意。とりあえずは主語と動詞を確認しておこう。The bluffsからMidwestまでが主部である。動詞がare coverと続いている。areの後にcoverではおかしい。次には前置詞のwithがきている。ここはbe covered withとなるはずだ、とピンときたに違いない。

CHECK □ bluff「絶壁」□ be covered with「〜でおおわれている」□ hardwood「堅木」

24.POINT【動詞の時制と用法3】まず気になるのは、intense pressureに冠詞が必要かどうかである。この場合のpressureは不可算名詞。a は不要である。次に前置詞のonが続いている。pressure onという使い方に問題はない。最後の

riseはどうか。riseは自動詞であるが、ここでは他動詞として使われている。これが間違いである。本来ならばraiseとなるところである。

CHECK □ inflation「インフレ」□ intense「強い、激しい」□ the Federal Reserve Board「連邦準備委員会」□ the Prime Interest Rate「プライム・レート（利率）」

25.**POINT** 【品詞１】問題文の意味をくみ取りながら、下線部の語句をひとつひとつチェックしていこう。文意からして出だしのAlthough、およびbe able to ～に問題はない。下線部(C)のperfectはどうだろう。形容詞のままでよいだろうか。この語は前の動詞analyzeにかかっているはずである。ということはperfectlyと副詞にしなくてはならないことになる。(D)のmay notには、もちろん、問題はない。

CHECK □ chemist「化学者」□ analyze「分析する」□ make-up「構成、構造」□ compound「化合物」□ synthesize「合成する」

26.**POINT** 【品詞２】問題文の動詞はundertookである。その後にto不定詞が続いている。to以降の構文は、動詞がmake、America'sからprogressまでが目的語、availableが補語ということになる。ここまでは問題はない。さらに文は続く。for the improveとなっているが、この部分がどうもおかしい。improveは動詞のはずだ。ここには名詞形のimprovementが入らなくてはならない。

CHECK □ the Point Four Program「ポイント・フォー・プログラム（アメリカにおける発展途上国を援助するための計画）」□ undertake「着手する」□ benefit「恩恵」□ industrial「産業の」□ underdeveloped「発展途上の」

27.**POINT** 【形式の統一１】下線部(A)の関係代名詞の用法に問題はない。次のsuch asは具体例を挙げるために用いられている。これも間違ってはいない。続いて、学問名が３つ並んで出てくる。English、psychologist、economics...。学問名のはずが、ひとつだけ他とは違う語が入っている。それはどれか。psychologist「心理学者」である。ここは、前後に合わせてpsychologyとなるはずである。

CHECK □ liberal arts「教養科目」□ complete「終える」□ foster「育てる、育成する」

28.**POINT** 【形式の統一２】まず、provide ～withの用法に誤りはない。fundsのsにも問題はない。その後をチェックしてみよう。to study, teachと続いているが、orの後が問題である。ここに出てきた３つの動詞はそれぞれto不定詞につながっているはずである。なぜconductだけが動名詞になっているのか。不自然である。ここは他のふたつと形式を統一してconductとしなければならない。

CHECK □ Fulbright scholarship「フルブライト奨学金」□ provide ～with...「～に...を提供する」□ fund「資金」□ conduct「行う」

29.**POINT** 【比較1】with a depth of～「～の深さがある」という意味である。ここには問題はない。次のis deeperはどうだろう。feetを見て、isをareにしなくては、と勘違いしては困る。isはThe Apple River Canyonを受けている。残るは(D)だけである。この間違いは一目瞭然である。thatでは意味をなさない。more～thanの基本的な文。thatが間違っていたのである。

CHECK □ canyon「峡谷」□ depth「深さ」

30.**POINT** 【比較2】問題文をひと目みて、間違いに気づくはずである。下線部(B)のusualerに注目してほしい。発音してみてもなにかおかしい感じがするはずである。usualの比較級はmore usualである。正解は(B)。(D)のnotの用法が気になるかもしれないが、これは後からnot riceとして「お米ではない」という情報をさらに付け加えていると考えればよい。

CHECK □ average「平均的な」□ staple food「主食」

31.**POINT** 【接続詞・関係詞1】問題文は接続詞ではじまっている。amountのsが気になるところだが、これは可算名詞なので問題はない。theyはmajor airportsを受けているので、このままでいい。nearの使いかたもおかしくはない。これでは間違いがないことになってしまう。文の意味を考えてほしい。「～なので、～だ」となるはずである。AlthoughをAsにしなければこの意味にはならない。間違っていたのは(A)だったのである。

CHECK □ require「必要とする」□ passenger「乗客」□ freight「貨物」□ traffic「往来、輸送」

32.**POINT** 【接続詞・関係詞2】出だしから問題文をしっかり読んでいけば、まず間違いを見逃すことはないはずである。A person which has～なにかおかしくはないか。personに対して関係代名詞whichが続いている。ここはwhoでなくてはならないはずだ。これがわかれば、難しい単語が並んでいる後半を読む必要がなくなる。

CHECK □ be convicted of～「～で有罪となった」□ incarcerate「投獄される」□ penitentiary「刑務所」□ forfeit「剥奪される、失う」□ voting right「選挙権」

33.**POINT** 【接続詞・関係詞3】下線部(A)が合っているかどうかは、この表現を知らなければすぐに判断はつかない。他の箇所をチェックしてみよう。widely usedの語順に問題はない。because ofはどうだろう。their以下を見てみる。動詞killがあることに気づく。ofは前置詞である。この後には名詞・代名詞あるいは名詞句がくるはずである。because ofの用法が間違っていたのだ。

CHECK □ mercury-vapor lamp「水銀灯」□ ultraviolet ray「紫外線」□ bacteria「細菌」

34.**POINT** 【語順1】問題を解くカギは語順である。語順に注意を払いながら問

題文を読んでみよう。Hadではじまっているが、この文は疑問文ではない。しめた、(A)が間違いだ、と思われたかもしれない。実は、(A)の用法に問題はないのである。そのわけを説明しよう。もともとはIf the discovery of America had been delayed ～, という仮定法過去完了の文であったのだが、Ifを省略してHad the discovery of America been delayed～と語順が倒置されていたのである。これで(A)には間違いがないことがはっきりしたはずである。では、間違いはどこにあるのか。もうわかった？ delayedにbeenが入らなければ「もし～が遅れていたのなら」という意味にはならないのである。

CHECK □ delay「遅らせる」□ century「世紀」□ Middle America「中部アメリカ」

35.POINT 【語順2】まずreturned toを見る。toが必要かどうか気にかかる。この場合の returnedは自動詞である。問題はない。for a visitもなんとなく気になることろだが、次のbefore shortlyをチェックしてみる。合っていそうに思えるが、語順がどうもしっくりこない。文脈からして、「～のすぐ前に」という意味になるはずだ。その意味にするにはshortly beforeにしなければならない。これが間違いである。下線部(B)for a visitのforが、go on a visit to～の類推からおかしいのではないかと疑問をもったかもしれない。しかし、ここでは「(アメリカへ戻って) 一時的に滞在するために」という意味なのでfor a visitでよい。

CHECK □ James「ヘンリー・ジェームス（イギリスの小説家・アメリカで生まれている）」□ unexpected death「予期せぬ（突然の）死」

36.POINT 【単数・複数・冠詞1】lateは後にearlyが出てくるので、間違っていないことがわかる。make upの用法に間違いはない。one of the most ～とさらに続く。periodこの部分の語呂がよくない。one of the～とくれば、名詞の複数形がきてしかるべきである。periodsとすれば問題が解決することになる。(C)が正解となる。

CHECK □ late「後期」□ early「初期」□ momentous「重要な」□ period「時代、時期」

37.POINT 【単数・複数・冠詞2】まずBiologicallyが副詞でいいかどうか疑ってみる。問題はないようだ。次のactuallyはどうか。これにも問題はない。下線部(C)のfruitsはどうだろう。fruitは、果物全般を意味するときには不可数名詞として用いられるはずである。やはり、このs が余分なのである。下線部(D)はis thought to be～の受け身構文である。by most peopleがthoughtの後に挿入されていると考えればいい。

CHECK □ biologically「生物学的に」□ actually「実際には」□ vegetable「野菜」

38.POINT 【単数・複数・冠詞3】選択肢を順にチェックしていこう。number

of lawsで少しひっかかるところがある。numberはこのままでいいだろうか。冠詞を入れてa number of～としてみる。「いくつもの法律」となり、文の流れがすっきりするようになる。to curbの不定詞の用法、複数形のmonopoliesおよびvarying degreesには問題はない。冠詞の用法に慣れるには、日頃から冠詞を意識して、できるだけ多く英文を読むように心がけることである。

　CHECK □ pass「通す」□ curb「禁止する」□ monopoly「独占」□ varying「変化する、異なる」

39.POINT 【イディオム1】問題文の主部はThe designation からinvertebrateである。動詞はdependsということになる。in shortは、文中に挿入された副詞である。その後を見てみよう。in whether～となっている。このinはdependsに続いているのだが、depend inという言い回しはなかったはずだ。depend onで「～次第である」という意味になる。このinが間違っていたことになる。

　CHECK □ designation「指定」□ vertebrate「脊椎動物」□ invertebrate「無脊椎動物」□ in short「要するに」□ backbone「背骨」

40.POINT 【イディオム2】問題文にざっと目をとおす。astrology、predates、astronomy…。なにやら難しい単語が並んでいる。だからといって、あわててはいけない。わからない単語があっても、文の基本的な構造をしっかりととらえれば間違いの箇所を見つけることができるはずだ。主語と動詞の関係は？　動詞はdealになるはずだが、その後にofが続いている。dealt ofなにかがおかしい。dealに続く前置詞はwithのはずである。こんなところに間違いがあったのである。

　CHECK □ astrology「占星術」□ predate「～よりも前にある」□ deal with「～扱う」□ human behavior「人間の行動」

Practice Test 2

● テーマ ● 問題を解くリズムをつかむ

　Practice Test 1 は、20 のキーワードに沿った出題であったが、Practice Test 2 は実際のレベルに近い問題配列になっている。難易度も TOEFL とほぼ同じである。ここでは問題を解きながら、ひとつひとつの問題をどのようにこなしていけばいいのか、そのリズムをつかむようにしてほしい。問題によっては、すぐに答がわかるものもあれば、なかなか答が見つからないものもある。また、難しい単語や知らない固有名詞（人名や地名など）が多く出てくることもあるだろう。わからない箇所にこだわりすぎ、問題を解くリズムを崩し、後半で時間が足りなくなるということのないように心掛けよう。途中で邪魔が入らないようにくれぐれも注意すること。問題は40問。制限時間は25分である。では、はじめよう。

Part A

1. ⋯⋯⋯ cannot be explained by any known physical or natural means.
   (A) It was telekinesis that
   (B) That telekinesis
   (C) Telekinesis
   (D) It is telekinesis

2. By the end of the nineteenth century, John Dewey was asking what the purpose of education ⋯⋯⋯.
   (A) will be
   (B) be
   (C) has become
   (D) should be

3. The most fuel efficient automobiles burn gasoline ⋯⋯⋯ fifty miles to the gallon.
   (A) at the rate of
   (B) in the rate of
   (C) at the rate
   (D) in the rate

4. Mount Robson, ⋯⋯⋯, is the highest peak in the Canadian Rockies.
   (A) close the Alberta border
   (B) close up the Alberta border
   (C) nearly the Alberta border
   (D) near the Alberta border

5. Bermuda's mild climate and excellent hotels, beaches, and recreational resources attract about 100,000 tourists ⋯⋯⋯.
   (A) in the year
   (B) the year
   (C) for one year
   (D) yearly

Go on to the next page 107

6. In the second half of the 19th century, ········ industry flourished, America's cities grew.
   (A) so
   (B) together
   (C) as
   (D) so as

7. The distance between the threads of a screw ········ the pitch.
   (A) calls
   (B) is called
   (C) has called
   (D) that is called

8. ········ the 1920s that jazz music became popular in the United States.
   (A) Not until it was
   (B) It was not until
   (C) Until the beginning of
   (D) During the beginning of

9. ········ that everyone pay a high tax when they purchase a new boat, the government has caused boat sales to decrease.
   (A) It is required
   (B) By requiring
   (C) They require
   (D) To require

10. Quebec ········, practically speaking, the only bilingual capital in North America.
    (A) is distinguished as
    (B) is distinguished by
    (C) is distinguished in
    (D) is distinguished

11. ········ South America, El Niño affects weather patterns all over the world.
   (A) Although it is located near
   (B) It is located near
   (C) Although is located near
   (D) Located it is near

12. Juniper trees are shrubs which ········ as high as 30 feet.
   (A) sometimes grow
   (B) grew sometimes
   (C) sometimes are growing
   (D) are growing sometimes

13. The conquest of Peru in 1532 by the adventurer Francisco Pizzaro was ········ the search for gold.
   (A) as a result from
   (B) the result for
   (C) resulting from
   (D) the result of

14. In the twentieth century only the automobile has altered US life ········ radio and television.
   (A) than more
   (B) more than
   (C) the more than
   (D) the most of

15. As democratic concepts of government developed in Europe and America, ········ for education grew also.
   (A) needing to believe
   (B) believing the need
   (C) belief in the need
   (D) needing belief

Go on to the next page

Part B

16. Fossils <u>preserves</u> in rocks <u>provide</u> a <u>fragmentary</u> record of life on Earth
              A   B   C
    <u>in past ages</u>.
       D

17. <u>In spite</u> the decade-long "hollowing out" <u>of</u> <u>the U.S. industrial sector</u>,
       A   B   C
    the American economy <u>still has</u> tremendous strength.
                            D

18. Perhaps <u>the darkest moment</u> in twentieth-century American history was
                      A
    <u>in</u> the 1950's, <u>when</u> the Communist witch-hunt was <u>at peak</u>.
     B   C   D

19. <u>Many</u> religious leaders have argued that good moral behavior
       A
    <u>is impossible</u> unless <u>they are</u> based <u>upon</u> the doctrines of religious
       B   C   D
    faith.

20. <u>In</u> the science curriculum, many courses have a lab component <u>because</u>
     A   B
    a practical understanding of a scientific subject is <u>as important as</u> an
                                                                      C
    understanding of theory <u>as well</u>.
                                  D

21. War only <u>made</u> Abraham Lincoln believe <u>more strong</u> that democracy
                  A   B
    <u>was</u> the best <u>of all</u> forms of government.
     C   D

22. Although jogging is thought to be an excellent way to stay in shape,
        A   B
    walking may actually be better because of the lower stress placed on
                                                              C
    the body and the reduce chance of injury.
                    D

23. In the spring magnolia trees blossom along much stream banks in the
        A   B   C   D
    southern United States.

24. While tooth decay can be continuing for a while quite painlessly, it will
                          A   B   C
    eventually cause toothache.
            D

25. Film may be cut into sheets, loading in a strip into a light-tight cartridge
         A   B
    or cassette, or wound onto a spool.
    C   D

26. Tobacco grown in vast amounts in the southern United States.
            A   B   C   D

27. Although trained as a physician, Anton Chekhov actual
        A   B
    practiced medicine only intermittently.
        C   D

28. Albert Einstein hypothesis that gravitation causes light from stars
             A   B
    to deviate as it passes the sun.
     C   D

Go on to the next page ➡ 111

29. There are more than 1,000,000 known living insect species and
        A   B
    almost of them have wings.
       C   D

30. The electromagnet used to record, reproduce, or erase a signal on a tape
                      A   B   C
    is known a "head".
       D

31. The elephant is one of the largest, intelligent, and heaviest of mammals
                     A   B   C
    that live on land.
       D

32. In the event of an audit, the Internal Revenue Service will contact to
       A   B   C
    you directly.
       D

33. The cells of plants differ in some ways from the cells of animals, but
       A   B   C
    the basic structure of all cells is same.
                                    D

34. Although 20 percent of Europe's big industrial groups have already had
        A
    to pay fines for infringing environmental laws, 50 percent still has no
      B   C   D
    strategy in this area.

35. Charles de Gaulle attracted first international attention in 1940 as a
                            A   B   C
    combat general and assistant to the French secretary of war.
                              D

36. Myths <u>can be</u> divided either regionally, corresponding to the centers of
          A
   civilization from which they <u>originate,</u> <u>and</u> according to <u>their</u> major
                                   B   C   D
   themes.

37. The first movie made <u>in</u> Hollywood was finished <u>on</u> October 27, 1911,
                          A   B
   <u>on</u> the Centaur Company's studio, located <u>on</u> the corner of Sunset
   C   D
   Boulevard and Gower Street.

38. <u>In</u> 1834 Great Britain <u>issued</u> the first refrigerator patent to the American
    A   B
   Jacob Perkins, <u>but</u> a practical machine was not developed <u>since</u> the
                  C   D
   1850's.

39. Although each individual <u>is</u> unique, people <u>do resemble</u> one <u>other</u> in
                              A   B   C
   such characteristics as body type, character, personality, and
   susceptibility to <u>diseases</u>.
                     D

40. Kennedy's vice president, Lyndon Johnson, <u>completed</u> Kennedy's
                                              A
   <u>term of office</u>, then <u>ran he</u> for president <u>on his own</u>.
   B   C   D

This is the end of Practice Test 2

Practice Test 2 解答

Part A 【解答：Questions 1 - 15】

1. C	2. D	3. A	4. D	5. D	6. C	7. B	8. B	9. B	10.A
11.A	12.A	13.D	14.B	15.C					

Part B 【解答：Questions 16 - 40】

16.A	17.A	18.D	19.C	20.D	21.B	22.D	23.C	24.A	25.B
26.A	27.B	28.A	29.C	30.D	31.B	32.C	33.D	34.D	35.A
36.C	37.C	38.D	39.C	40.C					

Practice Test 2 解説

● Part A ● Questions 1-15 解説

1. **POINT** 空欄の後にcannot beと動詞がある。選択肢をチェックする。問題文の主語となる語句が空欄に入るはずだ。順に見てみよう。(A)はwasと過去形になっているのがおかしい。(B)はThatの働きがはっきりしない。(C)これが正解だ。Telekinesisが主語、そして、cannot be ～ と続く。(D)を入れるとisとcannot be動詞が重複してしまう。最後に、It～that強調構文のthatは省略できないことを指摘しておこう。
   CHECK □telekinesis「念動」 □physical「物理学的な」 □means「手段」

2. **POINT** John Deweyが主語、was askingが動詞、what以下が目的語ということになる。SVOの基本的な文である。時制が過去になっていることに注意すれば問題はない。動詞のwasに対してwill be、be、has becomeのどれも過去形になっていない。正解は(D)should beである。
   CHECK □ John Dewey「ジョン・デューイ/アメリカ人哲学者」 □ purpose「目的」

3. **POINT** 選択肢を見ただけで、ある程度正解を絞り込むことができる。rateは前置詞atを伴いat the rate ～ として用いることを知っていれば、正解が(A)か(C)のどちらかであることがわかる。問題文を見てみよう。「～の割合で」という意味になるはずである。at the rate ofが空欄に入ることになる。
   CHECK □ fuel efficient「燃料効率がよい」 □ burn「燃やす、燃焼させる」 □ to the gallon「1ガロンにつき」

4. **POINT** ひと目で問題文がSVCの文型であることがわかる。空欄には、前の主語を補足する語句が入ることになるはずだ。選択肢をチェックしてみよう。close、nearly、nearから判断して、どうも「～の近く、そば」という意味の語句が空欄に入るようだ。closeにも「近くに」という意味があるが、close to～として用いることになっている。close upとしてしまうと、動詞的な意味合いが強くなってしまう。nearlyは副詞なので、この文脈にはふさわしくない。したがって、(D)のnearが正解となる。
   CHECK □ Mount Robson「ロブソン山」 □border「国境」 □peak「頂上」

5. **POINT** 問題文の主部はresourcesまで。かなり長い。動詞はattractである。その後に続くのが目的語ということになる。空欄には、選択肢からして副詞が入ることがわかる。文意からすると、空欄には「毎年」という意味の副詞がくるようだが、残念ながらevery yearが選択肢のなかにはない。この意味に

なる選択肢はどれか。(D)のyearlyが正解である。

CHECK □mild「温暖な」 □excellent「素晴らしい」 □recreational「レクリエーションとなる」 □attract「引きつける」

6.**POINT** 問題の前半は前置詞句である。空欄の後には、カンマを挟んで文がふたつ並んでいる。空欄には接続詞が入りそうである。選択肢を見てみよう。まず、(B)のtogetherは除外できる。残りの選択肢を入れて意味が成立するのはどれか。asには「〜つれて」という意味があった。これがこの文にはぴったり当てはまる。

CHECK □second half「後半」 □industry「産業」 □flourish「栄える、繁栄する」

7.**POINT** 選択肢に共通している語はcallである。callをどのような形にして空欄に入れれば意味がとおる文になるだろうか。文意を考えながら、ひとつずつ確認していこう。(A)のcallsでは「〜と呼ぶ」となってわけがわからない。(B)はどうだろう。受け身になっているので、「〜と呼ばれている」となる。これが正解のようだ。念のために残りの選択肢もチェックしておこう。(C)has calledと現在完了にしても(A)となんら変わりはない。(D)はthatがあるために文として成立しなくなる。

CHECK □distance「距離」 □thread「ねじやま」 □screw「ねじ」

8.**POINT** 問題文の接続詞thatがポイントになっている。thatがあることで、前置詞句の(C)と(D)は空欄には入らないことがわかる。正解は(A)か(B)のどちらかである。(A)を入れたいところだが、Not untilはあくまでもthe 1920sにかかっていることを忘れてはならない。Not until it wasでは文が成立しなくなる。正解は(B)のIt was not untilである。

CHECK □It was not until〜that...「〜になってはじめて... になった」 □the 1920s「1920年代」

9.**POINT** カンマを挟んでふたつの文が並んでいる。thatは文の前にあるので接続詞のようだ。ということは主語と動詞がある(A)(C)を空欄に入れると、どれが主文なのかがわからなくなってしまう。(B)か(D)か？ 意味を考えてみよう。By〜の場合は「〜することによって、〜を減らした」となり意味がとおることになる。To不定詞ではどうか。副詞的用法「〜のために」という意味を当てはめてみる。これでは文の意味がつながらなくなってしまう。

CHECK □tax「税金」 □purchase「購入する」 □decrease「減る、減少する」

10.**POINT** 基本的な問題である。distinguishの用法さえわかっていれば、正解を見つけるのはたやすい。practically speakingは挿入句句なので、この部分は除外して考えていいだろう。Quebec is distinguished 〜この後のつながりがポイントとなっている。問題文は受け身の文なので、asにするかbyにするかで悩むところである。しかし、the only以下の内容はQuebecのことを補足説

明している。byでは意味がおかしくなってしまう。is distinguished as～として文が成立するようになる。
CHECK □practically speaking「実をいえば」 □be distinguished as～「～として有名になる」 □bilingual「2カ国語を使用している」

11.**POINT** カンマの後には文が続いている。ということは空欄に(B)が入ると、接続詞もなしに文がふたつ並んでしまうことになる。(C)を入れると接続詞はあっても主語がない文になってしまう。正解は(A)か(D)のどちらかになる。(D)は一見分詞構文のように見えるが、この語順では意味がまったく通じない。接続詞Althoughを使って、ようやく文が成立することになる。
CHECK □El Niño (Current)「エルニーニョ潮流」 □affect「影響を及ぼす」

12.**POINT** 選択肢から頻度を表す副詞sometimesの位置と動詞growの時制が問題のポイントになっていることがわかる。whichは関係代名詞である。この後どのような語順にすればいいだろうか。まず、動詞の時制をチェックしてみよう。問題文の動詞は現在形のareである。当然、関係代名詞のなかでも現在時制ということになる。このことから(B)は除外できる。(C)(D)は進行形になっているが、文意から判断して、進行形にする必要はない。正解は(A)である。sometimesの位置にこだわらなくても正解がわかってしまったことになる。
CHECK □juniper「ヨウシュウネズ（植物）」 □shrub「低木」 □as high as～「～の高さくらいまで」

13.**POINT** 選択肢に共通している語はresultである。この語の基本的な意味を空欄に当てはめて、全体の意味を考えてみよう。「～は…の結果であった」と考えるのが最も自然のようだ。この意味になる選択肢はどれか。(A)は前置詞fromがおかしい。(C)はresultingとing形（動名詞or現在分詞）になっているのが不自然である。残るは(B)と(D)である。前置詞はforかofか。「～の結果」というからには(D)のthe result of が正解となる。
CHECK □conquest「征服」 □adventurer「冒険家」 □Francisco Pizzaro「フランシスコ・ピサロ／スペインの軍人」 □search「探究、調査」

14.**POINT** 問題文を読んでみる。automobileとradioおよびtelevisionを比較していることがわかればしめたものだ。文の基本的意味は「アメリカの生活を…以上に変えたのは～だけだ」である。この意味になる選択肢はどれか。(B)のmore thanということになる。
CHECK □automobile「自動車」 □alter「変える、変化させる」

15.**POINT** 文頭のAsの意味は「～につれて」である。As文の動詞はdeveloped、主節の動詞はgrewである。空欄にひとつずつ選択肢を当てはめてみよう。まず(A)はどうだろう。needingとneedを動名詞にするのはおかしい。(B)believing the needという言い方自体が不自然である。(C)はどうか。belief in

117

the need for educationと、文がうまくつながる。これが正解である。(D)の needing beliefでは次のforにはつながらない。
CHECK □ democratic「民主主義的な」 □ concept「概念」 □ in the need for 〜「〜が必要である」

●Part B● Questions１６-４０ 解説

16.POINT 問題文の動詞を見つけることが先決である。動詞はpreservesかprovideか。このままではひとつの文のなかに動詞がふたつ並ぶことになってしまう。まず、preservesを考えてみよう。後に続くin rocksから判断して、「岩石のなかに保存されてきた」となるのが自然のようである。Fossils (which have been) preserved in rocksとしたらどうだろう。preservedが過去分詞となって主語のFossilsを修飾することになる。選択肢(A)が間違っていたのである。
CHECK □ fossil「化石」 □ fragmentary「断片的な」 □ past ages「過ぎ去った時代」

17.POINT この問題はTOEFLの出題傾向に慣れていれば、あっという間に解けてしまう。文頭の語に注目してほしい。In spiteで文がはじまっている。その後に、前置詞を伴わずに名詞句が続いている。これは文法的ではない。In spiteには必ずofが続くはずだ。正解は(A)である。文をほとんど読まずに正解がわかってしまった。In spite of 〜とDespite 〜の用法にはくれぐれも注意！
CHECK □ decade-long「10年にも及ぶ」 □ sector「分野」 □ tremendous「強大な」

18.POINT この問題はかなりむずかしい。問題となる表現を知っているかどうかが物をいうからである。(A)から見てみよう。darkest最上級の用法に問題はない。(B) in前置詞に間違いはない。(C) 関係副詞whenは前のthe 1950sにかかっているので文法的に正しい。(D)はどうだろう。結果的にこれが間違いということになるのだが、なぜだかわかるだろうか。この場合には、the Communist witch-huntが最高潮の時にあったということなのでat its peakとしなければならないのである。itsがなにを指しているのかは明らかである。
CHECK □ Communist witch-hunt「赤狩り」 □ at one's peak「〜のピークにある」

19.POINT 問題文を繰り返し読んでみてほしい。すぐには間違いの箇所がわからないかもしれない。(A)に問題がないことはわかるだろう。(B)のimpossibleが気になるところだが、意味を考えると成立しそうである。(C)のthey areはどうか。まず、theyがなにを指しているかを考えなくてはならない。leaders？

いや、違う。文脈から考えると、good moral behaviorを指しているようだ。そうであるならばthey areではなく、it isになるはずである。(D)のuponには問題はない。be basedの後にはonあるいはuponが続くからである。
CHECK □religious「宗教の」 □argue「議論する」 □behavior「行動」□doctrine「（宗教の）教義、主義」□faith「信念」

20.**POINT** 間違いがわからないときには、どの選択肢も正しいような、または、間違っているような気がしてくるものである。問題文を冷静に読んでみよう。なにか余分な語がないか。as〜asという表現の後にas well がさらに付け加えられている。確認するまでもないと思うが、as〜asの意味は「同じように」、as well はalso「〜もまた」の意味である。これでは同じような意味を表す語が重複してしまう。as well が余分なのである。
CHECK □curriculum「カリキュラム」 □lab component「実験の要素、部分」□practical「実際的な」 □theory「理論」

21.**POINT** 問題文を読めば、おかしい箇所にすぐに気づくはずである。下線部(B)のmore strongがどうみても変である。これが間違いだ。more strongはこの部分だけを見ればstrongerとしなければならないと思われるかもしれない。しかし、前後の流れを見てほしい。strongはbelieveにかかる副詞である。本来ならば、more stronglyになるところである。いずれにしろ、(B)が間違いであることに変わりはない。
CHECK □democracy「民主主義」 □form「形態」 □government「政府」

22.**POINT** この問題はかなり手ごわい。選択肢をひとつずつチェックしていこう。まず接続詞Althoughの用法はどうだろう。「ジョギングは〜だけれども」が前半の意味である。Althoughに問題はない。an excellent wayにも間違ったところはない。because of以下の流れを見てみよう。placed onの前にwhich isを入れて考えれば、placedは過去分詞で前の名詞にかかっていると考えることができる。(D)のreduceはどうだろう。reduceは動詞である。theとchanceの間に動詞形のままで入るはずがない。reducedと過去分詞形にすれば「少ない、減少した」という意味の形容詞的働きをするようになる。reduceが間違っていたのである。
CHECK □stay in shape「健康でいる」 □stress「ストレス」 □injury「けが」

23.**POINT** 間違いがあると思うと、ちょっとしたことでも気になってくる。たとえば下線部(A)冠詞のtheがそうである。In springではないか、と疑いたくなる。答は、どちらでもいい、である。この箇所に問題はない。blossomには動詞の用法があるので、(B)もこのままでいい。much stream banksこの部分がおかしいのは確実である。ポイントはbankが可算名詞かどうかである。結論をいえば、bankは土手という意味の可算名詞である。したがって、muchをmanyにしなければいけないことになる。

CHECK □magnolia「モクレン」□blossom「花が咲く」□stream「小川」

24.POINT 下線部(A)の動詞に注目してみよう。can be continuing～進行形になっている。continue自体に「続く」という意味がある。進行形にするのは不自然ではないか。tooth decay can continue～にして全体の意味を考えてみよう。「虫歯は～続くが」となり、文の意味に不自然さはない。(A)はやはり進行形にする必要はなかったのである。

CHECK □painlessly「痛みがなく」□eventually「結果的には」□toothache「歯痛」

25.POINT TOEFL文法頻出の「形式の統一」問題である。これがヒントとなってどこに焦点を絞ればいいのかすぐにわかるだろう。動詞が3つ並んでいることに注目してほしい。cut、loading、wound形式が統一されているようで実はされていない。cutもwoundも過去分詞形である。なぜloadだけがloadingと現在分詞形になっているのか。不自然である。loadをloadedとして、文意が成立するようになる。

CHECK □load「（フィルムを）入れる」□light-tight「光をとおすことのない」□wind「巻く」□spool「スプール」

26.POINT 基本的な問題である。問題文もかなり短い。この種の問題では確実に得点しておきたい。(A)の動詞がgrownと過去分詞になっている。もし、これがこの文の動詞ならば、(A)が間違っていることになる。問題文をチェックしてみよう。amountsが動詞であると勘違いすることはまずないだろう。どうみてもgrownがこの文の動詞である。growsとしなければ文法的におかしいことになる。

CHECK □tobacco「タバコ」□vast「多大な、莫大な」

27.POINT まず下線部(A)が気になる。Although trainedは文法的なのかどうか。分析すると次のようになる。もともとの文はAlthough he was trained as～である。これを分詞構文にするとBeing trained as～となる。ここまでは問題がない。しかし、beingが現在分詞、trainedが過去分詞でふたつ分詞が続いている。このような場合にはbeingを省略してもよいというルールがある。できあがった文はTrained as～である。話はこれでは終わらない。Trained as～で分詞構文ができたのだが、接続関係を明確にしたいときにはAlthoughを復活させ、Although trained as ～とすることもある。これで(A)が間違っていないことがわかったはずだ。解説が少し長くなってしまった。ここで答の確認をしておこう。正解は(B)である。なぜか。actualが動詞practicedにかかる副詞だからである。actuallyとならなければ文法的ではない。

CHECK □physician「医師」□Anton Chekhov「アントン・チェホフ/ロシア人作家」□practice medicine「医者として開業する」□intermittently「ときどき、断続的に」

28.POINT 注意していないと間違いを見逃してしまうかもしれない。問題文の文型はSVOである。Albert EinsteinがS、hypothesisがV‥‥‥。なにかおかしい。hypothesisは動詞のはずだが、名詞形のままになってはいないか。動詞形は、hypothesizeである。微妙な綴りの違いだが、(A)が間違っていたのである。
□ hypothesize「仮定する」□ gravitation「重力」□ deviate「（軌道から）それる」

29.POINT almostの用法が問題を解くカギを握っている。下線部の(C)を見てみよう。almost of themとなっている。問題がないようにも思えるが、「昆虫のほとんどは」という意味にするには、このままではまずい。almost all of themとしなければ文法的な文にはならないのである。
CHECK □ living「生きている、生存する」□ wing「羽」

30.POINT used〜は前の名詞を修飾する過去分詞である。which isを補って考えればいい。orの用法に問題はない。前置詞onはどうだろう。特に問題はないようだが、とりあえず、(D)をチェックしてみよう。is knownの後に名詞が続いている。「〜として知られている」という意味になるはずだが、このままでは不備である。asを入れる必要があるからだ。
CHECK □ electromagnet「電磁石」□ reproduce「再生する」□ erase「消去する」□ signal「信号」

31.POINT 同じ品詞の語が続けて並んでいるときには要注意である。問題文では、形容詞が３つ続けて登場している。largest、intelligent、and heaviestの３つの語をよく見てほしい。他のふたつと違うものがひとつある。intelligentである。この語だけが最上級になっていない。文脈からしてmost intelligentとしなくてはいけないところである。
CHECK □ mammal「哺乳動物」□ land「陸地」

32.POINT In the event of an audit この部分には問題がないように見える。はっきりしないときには、とりあえず他の下線部をチェックしてみることである。contact to you directly 副詞の使い方には問題はない。contact to このtoが気になる。contactは他動詞で「連絡をとる」という意味のはずだ。toを入れる必要はない。
CHECK □ in the event of〜「〜の場合には」□ audit「調査」□ Internal Revenue Service「国税庁」□ directly「直接に」

33.POINT 問題文は多少専門的な内容になっているが、間違いそのものは基本的なものである。問題文にざっと目をとおしてみる。すぐに(D)sameがおかしいことに気づくだろう。「同じである」という意味にするには冠詞のtheが必要なはずである。(D)のsameが間違っていたのである。
CHECK □ cell「細胞」□ differ from〜「〜と異なる」□ structure「構造」

34.POINT 問題文の内容はかなり難しい。大体の意味をとらえながら、文の基本

121

構造をチェックしていこう。Although節はlawsまでである。その後に主文の主語である50 percentが続いている。数字に注目してみよう。20 percent of〜の場合にはhave〜となっている。しかし、50 percentの後ではstill hasとなっている。これはおかしい。haveには下線が引かれていない。haveには問題がないのである。ということは50 percentは20 percent同様、複数として考えhaveが次にこなくてはならないのである。

CHECK □ fine「罰金」 □ infringe「違反する」 □ environmental「環境の」 □ strategy「対策」

35.**POINT** 問題文を読んですぐにおかしい箇所に気づいただろう。firstの部分の流れがどうもよくない。冠詞のtheが入るべきだ、とも考えることができるが、ここではfirstを副詞としてとらえたほうがいいだろう。firstが副詞ならば、first attractedという語順にすべきである。意味は「はじめて〜したのは」となる。

CHECK □ Charles de Gaulle「シャルル・ドゴール元仏大統領」 □ attract international attention「国際的注目を集める」 □ combat general「将軍」

36.**POINT** 問題を解く手がかりはeitherにある。こういえば、間違いの箇所がかなりはっきりしてくるのではないか。文の流れを見てみよう。eitherがあるからにはどこかにorが出てくる、と予測をしながら問題文を読んでみる。orはどこにもない。本来はどこにあるべきなのか。後半のほうにandが使われている。どうもここがあやしい。andをorに置き替えてみよう。文の流れがすっきりする。(C)のandが間違っていたのである。

CHECK □ divide「分ける」 □ regionally「地域的に」 □ correspond to「一致して、対応して」 □ originate from「起こる、はじまる」

37.**POINT** 前置詞の用法が問題となっている。順にチェックしていこう。(A) 場所を表すin、(B) 特定の日を表すon、(C) 場所を表す…なにかへんである。onの後にはstudioがきている。スタジオの上で映画を制作することはまずない。ここはinとすべきところである。(D)のonはon the corner「〜の角に」という意味なので問題はない。

CHECK □ Hollywood「ハリウッド」 □ be located on「〜に位置している」

38.**POINT** 出だしの前置詞Inに問題はない。issuedも間違いではない。前後の流れからbutが正しく使われているかを見てみよう。「〜だが、〜だ」という流れになっている。おかしくはない。残るは(D)のsinceである。but以下の意味を考えてみると、sinceがどうもなじまない。「1850年代まで〜されなかった」という意味ならばsinceをuntilに替えなければならない。

CHECK □ issue「出す、発行する」 □ patent「特許」 □ develop「開発する」

39.**POINT** 問題文を読んでまず気になるのは(B)のdo resembleだろう。このdoが余分に見えるが、どうだろう。ここで簡単な例文を挙げてdoの用法のチェッ

クをしておこう。I know him.とI do know him.の違いがわかるだろうか。doを入れ「知っている」ということを強調しているのである。このことを踏まえて考えてみると、下線部(B)ではresembleを強調するためにdoが入っていることになる。文法的に問題はない。次の下線部(C)はどうか。one otherとなっている。なにか語ろが悪い。one anotherとすればすっきりするようになる。ここが間違っていたのだ。

CHECK □ unique「唯一の」□ resemble「似ている」□ characteristics「特徴」□ personality「個性」□ susceptibility to diseases「病気に感染しやすいこと」

40.**POINT** 問題文の主語はLyndon Johnson、動詞がcompleted、目的語がKennedy's term of officeである。ここまでは問題がないようだ。文はさらに続く。thenそしてran he for〜となっている。なぜここで語順が倒置されているのか。しかも動詞ranそのものが前置されている。不自然である。ここはthen he ran for 〜でいいはずである。(C)が間違っていることになる。

CHECK □ Lyndon Johnson「リンドン・ジョンソン／後にアメリカ第36代大統領となる」□ term of office「就任期間」□ run for president 「大統領に立候補する」

わたしのTOEFL受験アドバイス2

「あせらず、じっくり」が一番の基本

清水　薫子

　大学の英語学科で英語を勉強したにもかかわらず、わたしはこの文法のセクションが一番の苦手です。細かい文法項目を覚えるのがめんどうで普段から勉強しないのに加えて、TOEFLでは問題量の割に制限時間が短いためあせってしまうからです。急ごうと思うと余計にわからなくなり、何度も読み返したりしてなおさら時間がかかってしまいます。わたしの少ないTOEFL受験経験やTOEFL問題集を解いてみた感想では、文法セクションは「あせらず、じっくりやっていくのが一番」です。

　まず、直前に受けたリスニングのことなどはすっかり水に流して、また後のリーディングのこともとりあえず忘れて、「はじめ」の合図があってからの25分間は文法だけに集中すること。1問ずつ主語と動詞の関係、関係代名詞の使い方などをじっくりと注意しながら読んでいくことです。この時、意味をおおまかでも理解しながら読んだほうがベター。そうすれば、1回読んだだけでどの選択肢が正しいかある程度察しがつくようになります。そして1問終えるごとに、確認のためにもう一度見直してみることも大切です。1問に時間をかけすぎるように感じますが、はっと気づいたら何も考えずに問題を解いていた、というよりずっといいのではないでしょうか。

　後半の間違い探しの問題は深く考えてしまいがちです。しかし、思ったより単純な問題も数多く出題されていますので、あまり裏を読もうとせずに、正しいかどうかでさっと確認するぐらいのつもりで取り組んだほうがいいような気がします。

　文法のセクションはリスニングやリーディングと違って高校までに学習した自分の知識の中でできる問題です。自分の頭の中の引き出しを隅々まで整理してひっぱり出せるようにしておけば、ちゃんと点数をとれると思います。とはいえ、わたしもはじめてTOEFLを受けたとき、文法セクションの後半にさしかかって問題数の多さにうんざりしてしまいました。試験中、頭の中で「いやだ」という思いと英語の文章が入り交じっていたことを覚えています。結果はやはりよくありませんでした。

　受験中に疲れを感じてもそこはじっとがまんです。「集中」ということばを忘れないで、試験を受ければきっとよい結果が期待できるでしょう。

わたしのTOEFL受験アドバイス3
練習問題をこなして「弱点」を見つけよう

高木　智子

　TOEFLの3つのセクションの中で、セクション2（文法）は日本人が一番高いスコアを取れるセクションだとよく耳にします。実際にわたしもそのとおりで、セクション2でTOEFL全体のスコアを上げているようなものです。

　反対に、セクション2を苦手とする方もいるでしょう。しかし、テープとともに問題を解いていくセクション1や多くの人がリーディングに追われるセクション3と違って、セクション2は制限時間こそたった25分ですが、比較的余裕をもって解くことができると思います。その時間をフルに生かして、より高いスコアを取りたいと思うのはみな同じでしょう。セクション2の問題を解いていく上でわたしが頭においていることは、「何が足りない（またはおかしい）から文章になっていないのか？」ということです。パートAでは「何が足りないから～」、パートBでは「何がおかしいから～」が問題を解いていく上でのポイントだとわたしは思っています。また、パートAもBも4つの選択肢の中から答えを選んでいくわけですが、たとえば答えがAとわかったら、BからDはもう見る必要はなく、次の問題に進むことができます。こうして節約した時間を他の難しい問題や見直したりすることに使えばいいのです。

　TOEFLの試験はそれぞれのセクションごとのスコアしか出ないため、自分でどこが弱いのかという分析ができませんが、自主学習においてはそれが可能です。できるだけ多くの問題をこなし、間違った問題やあやふやなものを見つけることでTOEFLの出題傾向や自分の弱い部分がわかり、どんな問題集よりも自分に合ったすばらしい対策を立てることができます。問題集についている詳しい解説を最大限活用し、じっくり理解していくことで弱点だった部分を克服できるわけです。自分が楽に答えることのできた問題の解説も必ず熟読しましょう。知識が一層確かなものになることはいうまでもありません。

　自分独自の対策法をもっている人は、それを信じて勉強すればすばらしい結果がでると思います。どのように勉強したらよいのかがわからなかったら、わたしの方法を一度試してみてください。合わなかったらやめればいいし、その段階で自分に合ったやり方が見つかるかもしれません。自分に合った方法で、しかも楽しく学んでいくことが大切だからです。

Practice Test 3

● テーマ ● 時間感覚を身につけ、余裕をもって問題を見直す

　Practice Test 2である程度問題を解くリズムがつかめたのではないか。ここでは、さらにテンポよく問題を解き、余裕をもって再度全体が見直せるように心掛けてみよう。無理してスピードを上げる必要はない。自分のリズムで問題を解いていけばよい。また、25分という時間の感覚を身につけるように意識してほしい。問題が早く終わったとしても、すぐに解答を見ないようにする。制限時間いっぱいまで、問題を繰り返し見直す。あくまで実際に試験会場にいるつもりで、集中して問題に取り組むようにしよう。
　今回は、Part A、Bの問題を終えるのにそれぞれどれくらいの時間がかかったか、さらに、見直しをする時間がどれくらい残ったかをチェックしておくといいだろう。問題は40問。与えられた時間は25分。では、はじめよう。

Part A

1. In American history books, ········ George Washington who is still regarded as the "father of the nation."
   (A) it was
   (B) he is
   (C) it is
   (D) there is

2. Egypt's wealth of historical remains ········ tourism an industry of growing importance.
   (A) making
   (B) has made
   (C) have made
   (D) have been made

3. ········ the use of the drug insulin, the disease diabetes can now be controlled.
   (A) Through
   (B) Among
   (C) Of
   (D) In

4. At the time of its eruption, Mount St. Helens was probably ········ volcanoes in the world.
   (A) watched the most closely
   (B) the most closely watched one
   (C) the one most closely watched
   (D) one of the most closely watched

5. Social adjustment includes the ability of an individual to take care of himself independently, to be gainfully employed, and ········ set by his culture.
   (A) standards to conform to
   (B) to conform to social standards
   (C) conforming to social standards
   (D) social standards are conformed to

6. ········ the Christian era, the kingdom of Kush had begun to decline.
   (A) By the beginning of
   (B) Beginning
   (C) In that it began
   (D) As it began

7. ········ no one knows when irrigation originated, it is likely that the Egyptians used water from the Nile to irrigate fields as early as 5000 B.C.
   (A) So
   (B) However
   (C) Although
   (D) But

8. The brain is now seen as an organ constructed to process the vast amount of the information ········ by the senses.
   (A) fed to it
   (B) it fed to
   (C) it was fed to
   (D) to which it fed

9. Dense clouds surround Venus ········ a gloomy, hostile world.
   (A) making it
   (B) that makes it
   (C) and makes that
   (D) in order to make it

10. Natural fibers, ········ silk, are easy to dye.
    (A) excepting of
    (B) of the exception
    (C) with the exception of
    (D) exception

11. Bryce Canyon National Park in Utah contains 14 valleys that are ········ 1,000 feet deep in some places.
    (A) much more
    (B) as much as
    (C) as much
    (D) so much

12. Climate ········ as the determining factor in shaping the Neanderthal culture.
    (A) suggesting
    (B) suggests
    (C) has been suggested
    (D) will have been suggested

13. On the sea bottom the faunas vary ········ the distance from the surface.
    (A) as opposed to
    (B) in relation to
    (C) in accord with
    (D) according to

14. Eventually, ········ of the atomic nature of matter, it was finally realized that magnetism and electricity were not separate phenomena.
    (A) science when it became aware
    (B) when science became aware
    (C) science becoming aware
    (D) becoming aware of the science

15. The human body is made up of billions of cells, ········ , among other substances, billions of protein molecules.

   (A) each contains
   (B) of which contains each
   (C) contains each of which
   (D) each of which contains

Part B

16. John T. Scopes was <u>charging with</u> violating <u>the U.S. Constitution</u> by
                                        A   B
    teaching Darwin's theory of evolution <u>rather than</u> the account
                                                              C
    <u>presented by</u> the Bible.
        D

17. In buying shoes, <u>it is</u> important to wear the appropriate socks for trying
                       A
    <u>them</u> on, <u>so</u> that the proper fit <u>can</u> determined.
     B   C   D

18. While incomes <u>rise</u> steadily <u>throughout the 1970s and 1980s</u>, <u>they did</u>
                        A   B   C
    not <u>keep pace</u> with inflation.
         D

19. Seldom <u>gunpowder will</u> explode <u>if</u> it <u>is sealed</u> in <u>an airtight</u> container.
                  A   B   C   D

20. Heat <u>that</u> decomposes red mercuric oxide <u>into</u> its elements <u>of</u> oxygen
        A   B   C
    and bright <u>metallic mercury</u>.
               D

21. <u>Most</u> animals that live <u>in the desert</u> are nocturnal, <u>moving about</u>
       A   B   C
    <u>main at night</u>.
        D

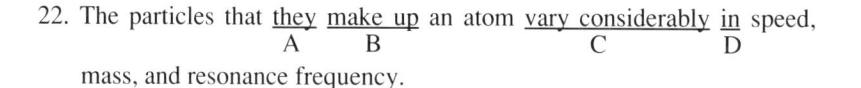

22. The particles that <u>they</u> <u>make up</u> an atom <u>vary considerably</u> <u>in</u> speed,
                               A   B   C   D
    mass, and resonance frequency.

23. True ferns <u>can be</u> recognized <u>even when</u> <u>do not resemble</u> ferns by the
                    A   B   C
    characteristic way <u>in which</u> the new shoot tips unroll.
                        D

24. <u>That</u> some men are created <u>so equal</u> than others is <u>a fact which</u> the
       A   B   C
    framers of the Constitution <u>overlooked</u>.
                            D

25. <u>In Greek mythology</u>, Zeus, king of the gods, <u>gave</u> Endymion <u>a choice</u>
        A   B   C
    between death and <u>eternal sleepy</u>.
                    D

26. <u>Most</u> of the fruits <u>eaten in</u> Canada are <u>imported from</u> Central and South
       A   B   C
    America <u>despite of</u> the distance from producer to consumer.
            D

27. <u>There are</u> in general, two <u>essentially</u> parts <u>to</u> the study of <u>psychiatry</u>:
       A   B   C   D
    medicine and psychology.

28. Now, <u>more than 90 percent</u> <u>of all American</u> families <u>had</u> a TV, and
      A   B   C
    more than fifty percent <u>have two</u>.
                             D

29. <u>Knowing</u> the cause <u>of a disease</u> and how <u>it is spreads</u> aids <u>in preventing</u>
      A   B   C   D
    epidemics.

30. Even in <u>a</u> poorer parts of <u>the</u> world there have been great improvements
            A   B
    in <u>health care</u> during <u>this</u> century.
        C   D

31. Most encyclopedias, <u>whether</u> they <u>consist from</u> one volume or
                        A   B
    <u>more than</u> one, are arranged <u>alphabetically</u>.
        C   D

32. The Panama Canal <u>separates</u> North and South America <u>and</u> <u>is linking</u>
                     A   B   C
    the Atlantic and Pacific <u>oceans</u>.
                              D

33. Natural forests <u>once covers</u> nearly two-thirds <u>of the world's surface</u>, but
                    A   B
    <u>clearing</u> land for farming <u>has reduced</u> this figure to barely one-third.
        C   D

34. Without <u>plans financial</u> a family <u>can</u> have a difficult time saving money
            A   B
    for such <u>essentials as</u> college for the children and <u>retirement for</u> the
              C   D
    parents.

132

35. Traveling at a speed of up to 150,000 miles per hour, a comet or an
        A   B
    asteroid colliding with the earth would leave a crater more than a
             C
    hundred miles diameter.
             D

36. Pork, the fresh meat of the domestic pig, is one of the most popular and
        A   B
    certain one of the most versatile of meats.
      C   D

37. Coffee is enjoyed not only for its rich flavor and aroma, but also for the
             A   B
    stimulated effect of the caffeine it contains.
      C   D

38. As the ozone layer is depleted, skin cancer, and other type of skin
            A   B
    disorders, will increase.
      C   D

39. The city of Detroit was an important, although small, trading center
        A   B   C
    until the complete of the Erie Canal in 1825.
        D

40. Gore Vidal has been widely recognized as both a novelist as well as a
           A   B   C   D
    social critic.

This is the end of Practice Test 3

Practice Test 3 解答

Part A 【解答：Questions 1 - 15】

1. C	2. B	3. A	4. D	5. B	6. A	7. C	8. A	9. A	10.C
11.B	12.C	13.D	14.B	15.D					

Part B 【解答：Questions 16 - 40】

16.A	17.D	18.A	19.A	20.A	21.D	22.A	23.C	24.B	25.D
26.D	27.B	28.C	29.C	30.A	31.B	32.C	33.A	34.A	35.D
36.C	37.C	38.B	39.D	40.D					

Practice Test 3 解説

● Part A ● Questions 1-15 解説

1. **POINT** 問題文には関係代名詞のwhoがある。このことを踏まえて選択肢をひとつずつチェックしていこう。(A)はbe動詞が過去形になっているので、who isの時制とくい違ってしまう。(B)he isでは文の流れがおかしくなる。(C)it is を入れるとit～whoの強調構文になる。これが正解だ。(D)のthere isが入らないのは意味を考えてみればわかるだろう。
   CHECK □ be regarded as～「と見なされる」 □ father of the nation「国民の父」

2. **POINT** remains は名詞か、動詞か。historical remainsとなっているので名詞である。このことから空欄にはこの文の動詞が入ることがわかる。選択肢(A)はing形になっているので除外できる。(B)はhas madeとなっている。remainsが主語ならば、haveになるはずである。この文の主語はどの部分か。Egypt's wealthと考えるのが妥当である。wealthは単数である。has madeと続く(B)が正解となる。
   CHECK □ wealth「豊富にあること」 □ historical remains「史跡」 □ tourism「観光事業」

3. **POINT** どの前置詞を入れれば文が成立するのか。文が短い割には、答を探すのに手こずるかもしれない。文の基本的な意味を考えてみよう。後半は「～は抑制できる」という意味になっている。前半がどのような意味になれば、文意がつながるようになるのか。the useがあることから「～を使用することで」となればいいようだ。手段を表す前置詞はどれか。(A)のThrough である。
   CHECK □ insulin「インシュリン」 □ diabetes「糖尿病」

4. **POINT** 問題文にあるvolcanoesと各選択肢に共通しているmostが正解を見つけるカギを握っている。mostと複数形の名詞volcanoesがあるということは「最も～である火山のひとつだ」という意味になる可能性が大。この意味になる語順は、当然、one of the most ～ volcanoesである。正解は(D)である。
   CHECK □ eruption「爆発、噴火」 □ closely「厳重に」

5. **POINT** 文の内容はかなりむずかしい。しかし、to不定詞がthe abilityにかかっていることがわかれば、正解を見つける糸口がつかめるはずだ。to take care ～ も、to be gainfullyもthe abilityにかかっている。and以下にくる表現も同様に、the abilityに続くのなら、to不定詞が最初にきてしかるべきである。(B)

135

だけがto conform 〜 となっている。これが正解だ。
CHECK □ adjustment「適応性」□ independently「自主的に」□ gainfully「給料をもらって」□ conform to〜「〜に従う」

6.**POINT**「〜は衰退しはじめていた」が文の後半の意味である。空欄にどのような語句あるいは節が入れば、意味がつながるようになるのか。まず(A)を入れて考えてみよう。「〜の初期には」となり意味が通じる。これが正解である。(B)では、分詞構文の主語がはっきりしない。(C)と(D)ではitがなにを指しているのかが不明瞭である。
CHECK □ Christian「キリスト教の」□ kingdom「王国」□ decline「衰退する」

7.**POINT** カンマを挟んで文がふたつ並んでいる。空欄には接続詞が入ることになる。(A)Soと(B)Howeverは、空欄に入れてみればふさわしくないのはすぐにわかる。(D)のButも同様である。Butの後に文を続け、カンマを打ってさらに文というのは文法的に見ておかしい。残るは(C)である。Althoughが入ると「〜だが、…らしい」となり、筋が通るようになる。
CHECK □ irrigation「灌漑」□ the Nile「ナイル川」□ irrigate「水を引く」

8.**POINT** この問題はかなり手ごわい。語順および省略にかかわる問題である。ヒントを出そう。itはthe brainのことである。次に the information 以降の意味を教えておこう。「感覚によって脳に与えられる情報」。さあ、正解はどれか。ヒントからthe information (which is) fed to it by the sensesという語順が頭に浮かんだだろうか。which isが省略されているところまで見抜ければ、あなたの文法力もかなりのものである。
CHECK □ organ「器官」□ construct「作る、構成する」□ process「処理する」□ feed「与える」

9.**POINT** Dense cloudsが主語、surroundが動詞、Venusが目的語というのははっきりしている。この点を押さえて、選択肢をチェックしよう。(A)はand make itと書き換えることができる。これが正解である。念のために、他の選択肢も見ておこう。(B)が入ると、関係代名詞thatの先行詞がVenusになり意味がわからなくなってしまう。(C)はmakesとsがついているので、複数形のDense cloudsに続かなくなる。(D)の目的を表す不定詞が続くと、意味がつながらなくなる。
CHECK □ dense「濃い」□ surround「取り囲む」□ Venus「金星」□ gloomy「暗い」□ hostile「好ましくない」

10.**POINT** 空欄およびsilkは、挿入語句である。意味は「〜以外、〜は除いて」となるはずだ。exceptをどのように用いればいいだろう。選択肢にexceptがあれば、それで問題が解決してしまうのだが。(B)と(D)が空欄に入ると、文法的な文になりそうもない。また、excepting ofという用法もない。exceptを

名詞形にした(C)with the exception ofが正解となる。
CHECK □fiber「繊維」 □dye「染める」

11.**POINT** as～asの用法がわかっていれば、問題となる箇所だけを読んでも正解はわかるだろう。thatはvalleysを修飾する関係代名詞である。「ところによっては、1000フィートもの深さがある谷間」という意味になればいいわけだ。as much asを用いればいい。この機会にas many as、as far as、as early asなどの類似した表現の用法も一緒に調べておくといいだろう。
CHECK □Bryce Canyon National Park「ブライスキャニオン国立公園」 □contain「含む」

12.**POINT** 前後の関係からして、空欄には動詞が入ることがわかる。このことからまず(A)のsuggestingが除外できる。(B)のsuggestsでは次にくるasとつながらない。ここはやはり受け身にすべきである。現在完了か、未来完了か。文意を考えてみれば、未来完了にする必要性がないことがわかるだろう。ここは単純にhas been suggested asとすればいい。
CHECK □suggest「示唆する」 □determining「決定的な」 □factor「要因」 □shape「形作る」 □Neanderthal「ネアンデルタール人の」

13.**POINT** まず主語と動詞の確認をしよう。the faunasが主語、varyが動詞である。faunasがわからなくとも、前後から大体の意味を推測すればいい。「海の底ではfaunasは～で変わる」。空欄以降は「水面からの距離」である。どのような語句が入れば、意味が通じるようになるだろうか。「水面からの距離に従って」と考えるのが妥当である。この意味になるのは、(D)のaccording toである。
CHECK □fauna「動物相」 □vary「変わる、変化する」 □surface「水面」

14.**POINT** 問題文をざっと読み、選択肢を見る。whenを用いた文にするか、分詞構文を使うかが問題のポイントになっているようだ。(A)から順に空欄に入れてみよう。(A)ではScienceの後にwhenがきている。これでは文が続かない。(B) when science～「～したときに」となって、次の文とつながるようになる。(C)(D)は分詞構文の形をとっているが、両者ともにこの語順では以降の文がうまくつながらなくなる。
CHECK □become aware of～「～に気づく」 □matter「物質」 □magnetism「磁気」 □electricity「電気」

15.**POINT** 関係代名詞にかかわる語順の問題である。文の意味をとらえながら、選択肢の語句を順に空欄に入れていこう。(A)は、接続詞もなしに文がふたつ続くことになるので文法的ではない。(B)はどうだろう。ofとwhichの関係がはっきりしない。(C)はcontainsの位置がおかしい。(D) each of which containsを分析してみよう。whichは前の名詞cellsを受けている。もともとeach of cells contains～であったものが、関係代名詞でeach of which～として

前の文に結びついているのである。これが正解だ。
CHECK □be made up of～「～からできている」□billions of「ものすごい数の」□protein「タンパク質」□molecule「分子」

●Part B● Questions 16-40 解説

16.POINT 動詞に注目してみよう。(A)と(D)のどちらかの用法に間違いがあるのだが。わかるだろうか。(D)はbyがあることから(which was) presented by～と考えることができる。これには間違いはない。(A)のchargingに問題がある。chargeには「告発する」という意味があるが、この場合はwith以下のことで告発されたと考えるべきである。chargingをchargedとすればその意味になる。
CHECK □violate「（法律などを）犯す」□the U.S. Constitution「合衆国憲法」□Darwin's theory of evolution「ダーウィンの進化論」□account「説明」

17.POINT (A)のit isはtoにつながっているので問題はない。(B)のthemはshoesを指している。次のso thatはどうだろう。「だから～できる」と結論を導いている。間違ってはいない。消去法でいけば残った(D)が間違っていることになる。can determinedではたしかにおかしい。can be determinedとしなければならない。
CHECK □appropriate「適当な、～にあった」□try～on「～を試しに履いてみる」□proper fit「ピッタリ合うこと」□determine「決める」

18.POINT 問題文を読む。前半にはおかしい箇所がないように思える。しかし、後半ではthey did notと過去形になっている。話題も1970、1980年代のことである。下線部(A)のriseが現在形になっている。これはおかしい。過去形のroseとして、文法的な文になる。
CHECK □income「収入」□steadily「着実に」□keep pace with～「～についていく」□inflation「インフレ」

19.POINT 文頭の語に要注意。Seldomは否定の意味をもつ副詞である。語順に注意しながら英文を見ていこう。下線部(A)はgunpowder willと通常の語順になっている。Seldomが前に出たからには、この語順ではおかしいことになる。will gunpowder explodeと倒置する必要がある。「否定の倒置」はこれまでに繰り返し登場してきているので、この問題形式には慣れているはずである。
CHECK □seldom「めったに～ない」□explode「爆発」□seal「封をする」□airtight container「空気の入らない容器」

20.POINT Heatの後の関係代名詞that、および前置詞intoには問題がないようだ。

先を読んでみる。動詞が出てこない。decomposesは関係代名詞でHeatにかかっている。ということは、主節の動詞が後から出てくるはずだが、出てこない。一体、下線部thatの関係代名詞はどのような働きをしているのか。実は、これが間違いであったのである。このthatを削除しなければこの文は成り立たないのである。

CHECK □ decompose～into...「～を…に分解する」 □ red mercuric oxide「赤色酸化水銀」 □ oxygen「酸素」 □ metallic「金属の、遊離して存在する」 □ mercury「水銀」

21.**POINT** 英文の主語はMostからdesertまでである。ここまでは間違いがないようだ。下線部(C)はどうか。movingと現在分詞になっている。これも分詞構文と考えていいだろう。夜に動き回ることを説明していると思えばいい。残るは(D)である。ここの意味は「主に夜」となるはずだ。at nightは副詞の働きをしている。形容詞mainでは副詞を修飾できない。mainlyとしなければならない。

CHECK □ nocturnal「夜行性の」 □ move about「あちこち動き回る」

22.**POINT** 問題文の基本構造を見てみよう。The particlesからatomまでが主部、vary以下が述部である。thatは関係代名詞で前のThe particlesを修飾することになるのだが、下線部(A)のtheyの働きがはっきりしない。they～atomで文ができている。theyを削除してみたらどうだろう。that以下の修飾関係がすっきりする。theyが余分だったのである。

CHECK □ particle「分子」 □ considerably「かなり」 □ mass「質量」 □ resonance frequency「共振周波数」

23.**POINT** 前問では余分な語が入っていたが、今度は語が不足しているケースである。問題文を読んでみよう。even whenまでは特に問題はない。ところがその後にdo not resembleが続いている。これではwhen以下の主語がないことになる。文脈からしてwhen they do not～となるところである。

CHECK □ fern「シダ」 □ shoot「若枝」 □ tip「先」

24.**POINT** 文頭のThatが気になるところである。しかし、これは名詞節（この場合は主語になっている）を導く接続詞の働きをしているので問題はない。次のso equal thanはどう見てもおかしい。thanには下線が引かれていないということは、この文は比較構文のはずだ。soの代わりにmoreを入れれば、more equal than～で文がつながるようになる。

CHECK □ framer「立案者」 □ overlook「見逃す」

25.**POINT** 語形に注意しながら問題文を読んでみよう。(A)(B)には特に問題はないようだ。betweenが気になるが、andを挟んでふたつの名詞が並んでいるので用法に間違いはない。今、名詞がふたつといったが、and以下をよく見てほしい。eternal sleepyとなっているではないか。sleepyは形容詞である。

139

sleepと名詞にしなければbetween 〜 and が成立しなくなる。

CHECK □Greek mythology「ギリシャ神話」□Zeus「ゼウス」□Endymion「エンデュミオーン」□eternal sleep「永遠の眠り」

26.POINT MostがMuchではないかと疑問をもつかもしれない。しかし、be動詞がareとなっているからにはMuchになるはずがない。eatenの前にはwhich areを補って考える。are imported fromには間違いはない。最後のdespiteに注目してみよう。despite ofとなっているではないか。inspite ofから連想をして、despite ofと思ってはいけない。despiteの後にofは必要ないのである。

CHECK □import「輸入する」□producer「生産者」□consumer「消費者」

27.POINT There areは、後にtwoが出てくるので問題はない。two essentially partsなにか変な感じがしないだろうか。partsは名詞である。なぜその前に副詞があるのか。形容詞形にしてみよう。two essential partsこれですっきりする。下線部(B)のessentiallyが間違っていたのである。(C)のtoも気になるところだが、toには「〜にとっては」という関係を表す用法があるので間違いではない。

CHECK □in general「一般に」□psychiatry「精神医学」

28.POINT 注意して読めば、間違いの箇所を見逃すことはまずないだろう。このような問題では、素早く答を見つけ、なるべく時間を稼ぐようにしたいものである。答はあっけない。Nowで文がはじまっている。しかし(C)がhadとなっている。(D)はどうだろう。haveとなっている。Nowであるからには(C)は現在形のhaveになるはずである。

CHECK □percent「パーセント/複数形にもsはつかない」

29.POINT 出だしのKnowingは動名詞であるが、この動詞の目的語はthe cause 〜とhow 〜である。そうするとこの文の動詞はaidsということになる。このことを踏まえてもう一度英文をチェックしてみよう。(A)(B)に問題はない。(C)はどうだろう。how it is spreadsこれではおかしい。isとspreadsが並ぶはずがない。文の流れからして、この部分はhow it spreadsとすべきところである。

CHECK □spread「広がる」□aid「助けになる」□prevent epidemics「伝染病を防ぐ」

30.POINT 得点を稼ぐ問題である。TOEFLにはなにも難しい問題ばかりが出題されるわけではない。ときには、これが間違いなの、とあっけにとられてしまうようなやさしい問題も出題される。前置きはこれくらいにして、さて、正解は？　(A)である。poorer partsと複数になっているからには冠詞のa がつくことはない。このように答がはっきりしているときには、問題文を最後まで読む必要はないだろう。

CHECK □improvement「改善」□health care「健康管理」

31.POINT Most encyclopediasが主語、動詞がare arranged〜である。whetherは挿

入節で「〜であろうと」という意味になっている。(A)はもちろん文法的な用法である。(B)のconsistはどうだろうか。前置詞を見てみよう。fromになっている。consist from〜 なにか変だ。fromをofに替えると文が流れるようになる。(C) more than one「1巻以上」、および(D)のarrangedを修飾している副詞のalphabeticallyに問題はない。

CHECK □ encyclopedia「百科辞典」 □ consist of〜「〜から成る」
□ alphabetically「アルファベット順に」

32.**POINT** 動詞の用法に注目してみよう。(A)のseparatesは現在形。andを挟んで次の動詞はis linkingと進行形になっている。この文ではThe Panama Canalに関する説明をしているわけだが、linkを進行形にする必要があるだろうか。separatesに合わせてlinksとしたほうがより自然な文になる。最後のoceansが気になるかもしれないが、これは、AtlanticとPacificふたつの海のことを指しているので複数形になっているのである。

CHECK □ the Panama Canal「パナマ運河」 □ separate「分ける」 □ link「結ぶ」

33.**POINT** 動詞に関する問題が続けて出題されている。onceは過去のことを表すはずであるが、動詞がcoversと現在形になっている。ここはcoveredと過去形にすべきところである。念のために他の箇所もチェックしておこう。the world'sの'sが気になるかもしれないが、この用法に問題はない。clearingは動名詞で後半の文の主語になっている。has reducedには、見てわかるとおり、間違いはない。

CHECK □ forest「森」 □ surface「表面」 □ clearing land「土地を開拓すること」 □ figure「数字」 □ barely「わずかに」

34.**POINT** 問題文を読んで、すぐに間違いの箇所を見つけることができただろうか。どれも合っているように思えるのだが。気になるのはessentialsのsかもしれない。形容詞ならば、これが間違いということになるが、ここでは名詞として用いられている。さて、間違いはどれか。下線部(A)の語順に注目してほしい。よく見ると名詞plansの後に形容詞のfinancialがきているではないか。ここはfinancial plansとすべきところである。

CHECK □ financial「財政的な」 □ essential「必要不可欠なもの」
□ retirement「退職後の期間」

35.**POINT** ingの用法でとまどうかもしれない。合っているような、違うような。このような場合には、同じ箇所にあまりこだわらずに、他の下線部をチェックしてみるといいだろう。他に間違いの箇所が見つかれば、難しい構文のことをあれやこれやと考えずにすむことになる。最後のdiameter、実はこれが間違いなのだが、なぜかわかるだろうか。in diameterとしなければ「直径〜」という意味にはならないからである。

CHECK □ travel「進む」□ comet「彗星」□ asteroid「小惑星」□ collide with〜「〜と衝突する」□ crater「（衝突によってできる）穴、クレーター」

36. **POINT** 定冠詞theの用法には間違いがないようだが…。残るのは(C)のcertainだけである。certain oneで「あるひとつ」という意味？ なにかおかしい。文の意味を考えてみよう。one of the most〜「最も〜なひとつである」。ではこのcertainはどのような働きをしているのだろうか。副詞のcertainlyとしてみたらどうだろう。「たしかに最も〜」となり、意味がとおるようになる。形容詞のcertainが間違っていたのである。

CHECK □ domestic「飼い馴らされた」□ versatile「なんにでも利用できる」

37. **POINT** 下線部を順にチェックしていこう。(A)itsはcoffeeを指している。(B)のalso forはnot onlyから続いている。(C)stimulatedはどうか。意味を考えてみなければ合っているかどうか判断がつかない。「カフェインの刺激的な効果」という意味にするにはstimulatedではなくstimulatingとしなければならない。この間違いにはなかなか気づかないかもしれない。

CHECK □ rich「こくのある」□ flavor「味」□ aroma「香り」

38. **POINT** まず(A)が気にかかる。depleteは他動詞なので、ここは受け身のままでいい。(B)other typeは…。typeは可算名詞である。anotherならtypeは単数でいいが、otherが前にあるからにはtypesにしなければならない。(B)が正解。

CHECK □ ozone layer「オゾン層」□ deplete「奪う、枯渇させる」□ skin cancer「皮膚癌」□ disorder「障害、異常」

39. **POINT** 出だしの語句に問題はない。although smallは「小さかったが」という意味の挿入語句である。trading centerにも間違いはない。残るは(D)のcompleteである。completeの品詞を考えてみよう。動詞あるいは形容詞？いずれにせよ、この文脈では名詞がこなくてはならない。completeの名詞形はcompletion である。なかなか間違いが見つからないときには、下線部の語が正しい品詞で用いられているかどうかをチェックするといいだろう。

CHECK □ trading center「貿易の中心地」□ completion「完成」□ the Erie Canal「エリー運河」

40. **POINT** 文の出だしの意味は「〜は広く…として認められてきた」である。下線部(A)から(C)には文法的に間違っているところはない。(D)のas well asをチェックしてみよう。a novelist as well as a social criticだけを見ている限りでは問題がないようだが、前にあるbothを見逃してはいけない。bothがあるからにはas well asではおかしい。both…and…として文がつながるようになる。

CHECK □ Gore Vidal「ゴア・ビダール／アメリカの小説家」□ novelist「小説家」□ social critic「社会批評家」

わたしのTOEFL受験アドバイス4
出題パターンを見極めることが大切

渡辺　真希

わたしはまだ、2回しかTOEFLを受験していません。しかも、勉強をはじめたのは最初の受験の2カ月前。経験も浅く、むしろ、いろいろな方の体験談やアドバイスを聞かなければいけないのはわたしのほうかもしれません。しかしとりあえず、わたしが行っている文法の勉強法を紹介しましょう。

わたしの勉強法は「TOEFL対策用の問題集をコツコツやる」という平凡極まりないものです。しかし、日本人は文法が一番できるといわれるように、このパートは比較的得点しやすいのではないかと思います。わたしの場合、ついつい問題文を頭から終わりまで読もうとしてしまうのですが、その必要がないことがよくあります。ある程度決まった出題パターンがあるからです。それを知っていると時間の短縮になりますし、単語を知らなくても解けるのです。たとえば、主語と動詞の人称の一致とか、主語が二重に重なっているとか、並列されている語の形が統一されていないなどです。この種の問題は問題集でもちゃんと指摘されています。文法のパートは、問題集を活用してこういった問題を解いていきながら、中学や高校で学習したものを復習していけばなんとかなるものです。

しかし、文法なんてやらなくてもできるとタカをくくって勉強しないのはもったいないことです。とれるところで確実に点数を稼ぐのも全体の得点アップにつながるからです。やればやっただけ点数は伸びるのだと信じましょう。あとは本番であまり緊張しすぎなければ、大丈夫です。

わたしも2回めの受験の時には、テストのはじまる前から妙に緊張していました。席について、隣の人の筆箱の中にぎっしり入った鉛筆を見たとき、2本しか鉛筆を持っていなかったわたしは、この2本とも芯が折れてしまったらどうしようなどと考えてより一層緊張してしまいました。リスニングは見事に出だしからつまずき、そのまま文法に進みました。そして、リスニングができなかったショックを結局最後のリーディングまで引きずってしまい、よい結果は出ませんでした。このようなことにならないように、極度に緊張することは避けるようにしなければいけませんし、リスニングがどんなにできなかったとしても、文法に入る前には気分を切り替えることが本当に大切なのです。

毎日、少しずつでもいいからコツコツ練習問題を解いていく、そんな当たり前のことが、実は大切なことなのだとつくづく感じました。

Practice Test 4

● テーマ ● さまざまな問題形式に慣れる

　ここまでのテーマは次のとおり。(1) 出題傾向を把握し、基本的な出題パターンに慣れる。(2) 問題を解くリズムをつかむ。(3) 時間感覚を身につけ、余裕を持って問題を見直す。Practice Test 4 では、さらに (4) さまざまな問題形式に慣れる、を付け加えることにする。この4つのテーマを念頭におきながら、問題に取り組んでみよう。問題はさまざまな角度から出題されている。どの程度問題に対応できるか、力試しをしてみよう。問題は40問。制限時間は25分。では、はじめよう。

　（注）さまざまな問題に対応できる応用力を養うためにも、このテストでできなかった問題は、解説を参考にした上で、問題文の基本構造（語順）および文法的な誤りを繰り返し見直しておくといいだろう。

Part A

1. The discovery ········ carbon came as a stunning surprise to most scientists.
   (A) of a new kind of
   (B) of a new kind
   (C) of kind of a
   (D) of a new kind of the

2. A revolutionary type of light bulb designed for use by industry will last 60,000 burning hours, about ········ conventional fluorescent bulbs.
   (A) six times longer than
   (B) longer than six times
   (C) the longest six times
   (D) six longer times than

3. ········ the demands of agriculture, the world's forests are under increasingly acute pressure from the timber industry.
   (A) Similarly as
   (B) Considered
   (C) Decreasing
   (D) Apart from

4. Not only ········ but he also owned publishing companies and hotels.
   (A) Robert Maxwell did own newspapers
   (B) did Robert Maxwell own newspapers
   (C) owned newspaper Robert Maxwell
   (D) owned Robert Maxwell newspapers

5. Duke Ellington's instrumental works established ········ a great jazz composer.
   (A) him
   (B) his
   (C) him as
   (D) himself

6. Gautama lived about 2,500 years ago, but the facts of his life were not documented ········ .
   (A) until died long after
   (B) long after until he died
   (C) until long after he died
   (D) until he long after died

7. A dhow is an Arab sailing craft with one or two masts ········
   (A) having triangular sails.
   (B) with the triangular sails.
   (C) with triangular sailing.
   (D) sailing triangularly.

8. ········ armored fighting vehicles, the tank is the most significant.
   (A) Of many
   (B) Many types of
   (C) Of the many types of
   (D) Many of the types of

9. Though a rarity in Tokyo twenty years ago, ········ are now air-conditioned.
   (A) it is virtually all buses
   (B) virtually all buses
   (C) all buses virtually
   (D) virtually buses all

10. Consumption of foods high in cholesterol puts people ········ for heart attacks.
    (A) at a greater risk
    (B) at a risk greater
    (C) of a great risk
    (D) in great risk

11. The British Labor Party was established in 1906 and was strong enough during ········ that it eventually became the official opposition party.
    (A) World War the First
    (B) World War One
    (C) the World War One
    (D) World War First

12. At length after ········ his political and military rivals from Rome, Caesar became the sole ruler of Rome.
    (A) deriving
    (B) demanding
    (C) developing
    (D) driving

13. Frogs eat insects as well as any other animals ········ to swallow.
    (A) enough small for them
    (B) small for them enough
    (C) small enough for them
    (D) smaller enough for them

14. Found in northern wetlands, the sweet gale, sometimes called the bog myrtle, is a marsh plant having ········.
    (A) yellow leaves, tasting bitter, and fragrantly beautiful.
    (B) yellow leaves, a bitter taste, and a beautiful fragrance.
    (C) leaves of yellow, taste of bitter, and beautiful fragrance.
    (D) yellow leaves, tastes bitter, and the fragrance is beautiful.

Go on to the next page

15. ········ the clutch, the gearbox is designed to vary the ratio of speed between the engine and the road wheels.
    (A) Just generally located behind
    (B) Located just generally behind
    (C) Generally just behind located
    (D) Generally located just behind

Part B

16. Ronald Reagan cut <u>federal social and welfare programs</u>, <u>reduced taxes</u>,
                                        A   B
    and <u>defense increased</u> spending by <u>heavy government borrowing</u>.
            C   D

17. The poet <u>of</u> Marianne Moore was born in St. Louis less than a year
              A
    <u>before</u> T.S. Eliot, <u>who</u> was born <u>in</u> the same city.
      B   C   D

18. Early in his life, <u>it was</u> clear <u>that</u> Hubert Humphrey was a natural
                            A   B
    leader, <u>though</u> no one guessed he was <u>destiny</u> for the Vice Presidency
            C   D
    of the United States.

19. Jackson Pollock, though dismissed <u>at first</u> for his unique style, <u>went on</u>
                                              A   B
    <u>to become</u> one of the boldest and most <u>innovator</u> painters in the
        C   D
    American art world.

20. Having announce the basic tenets of his foreign policy, President Carter
       A
    found himself in the uncomfortable position of having to carry them
       B   C   D
    out.

21. The separatist movement in Quebec seeks to off split the province from
         A   B   C   D
    the rest of Canada.

22. The urine from cows and other livestocks is now a serious source of
              A   B   C
    groundwater pollution.
                D

23. The world first atomic-powered submarine, the U.S.S. Nautilus,
        A   B
    was launched in January, 1954.
        C   D

24. In the process of photosynthesis the sun its energy is used to split water
    A   B   C
    in the plant into oxygen and hydrogen.
                 D

25. Many mushrooms can be eaten, but some kinds are deadly and there is
                        A   B
    no infallible way of distinguishing between the eatable and poisonous
                                        C   D
    species in the kitchen.

26. Dinosaurs were as varied in appearance and habits such as are land
                              A   B   C
    animals of today.
            D

Go on to the next page ▶ 149

27. Contrary to popular belief, the compass points to a position
            A   B
    some distances away from the geographical north and south poles.
          C   D

28. There are several ways of expressing the humidity of the air, but
      A   B   C
    relative humidity is more than widely used.
                              D

29. Today, U.S. farmers not only feed more than 200 million Americans
                                    A
    better than ever before, and have billions worth of food to send abroad.
       B   C   D

30. A symphony consists of several of themes which are repeated in
                   A   B   C
    changing forms throughout the composition.
         D

31. Studies of preschool children indicate that the more united the group
                                    A
    initially, more the aggressive its members will be toward an outsider.
        B   C   D

32. Because of the increase in blood-borne diseases such as AIDS and
        A   B
    hepatitis, most medical centers now require blood from donors tested.
                    C   D

33. In most cultures it is the parents who are the main socializing agents,
                       A   B
    as mothers being particularly influential.
         C   D

34. Telepathy is communication between one mind and another and
                                              A
    involves the sending or receiving of messages, thought, or feelings in
       B   C   D
    some unknown way.

35. A recent survey of U.S. engineers showed that almost engineers believe
                                                    A
    the United States leads Japan in nine out of 12 high-technology areas.
                       B   C   D

36. Superficially, there are few similar between William Howells and
        A   B   C   D
    Henry James.

37. Settling on the western frontier was dangerous immensely for
       A   B
    immigrants to the U.S. in the eighteenth and nineteenth centuries.
                  C   D

38. We can hypothesize that over the course of human history, the role of
                                A   B
    the cat has been controlling rats has changed dramatically.
            C   D

39. Chinese, Japanese, and Indian foods are just three of the popular
                                               A
    kinds of cuisine in San Francisco that taste extremely well.
        B   C   D

40. First Darwin developed his theory of natural selection as early as 1838
       A   B   C
    but felt unable to publish it.
                     D

This is the end of Practice Test 4

Practice Test 4 解答

Part A 【解答：Questions 1 - 15】

1. A	2. A	3. D	4. B	5. C	6. C	7. A	8. C	9. B	10.A
11.B	12.D	13.C	14.B	15.D					

Part B 【解答：Questions 16 - 40】

16.C	17.A	18.D	19.D	20.A	21.C	22.B	23.A	24.B	25.D
26.B	27.C	28.D	29.C	30.B	31.C	32.D	33.C	34.D	35.A
36.C	37.B	38.C	39.D	40.A					

Practice Test 4 解説

●Part A● Questions 1-15 解説

1. **POINT** carbonは不可算名詞である。このことから選択肢(B)と(C)は除外できる。正解は(A)(D)のどちらかである。空欄に入れて語順をチェックしてみよう。(A)を入れるとThe discovery of a new kind of carbonとなり文の主語ができあがる。(A)が正解である。(D)が正解にならないわけがわかるだろうか。「新しい種類の～」という意味であるのにもかかわらず、carbonの前に定冠詞がきてしまうからである。この場合、theは必要ないのである。
   CHECK □carbon「炭素」 □stunning「気絶させるような」

2. **POINT** 選択肢から「～倍」という比較表現が問題となっていることがわかる。さっそく問題文の意味を押さえながら、各選択肢をチェックしてみよう。「約6倍長持ちする」という意味にするには…。six times longer than～とすればいい。質問のポイントをつかむことができれば、ある意味では英文全体を読まなくても選択肢から正解の予測がついてしまう問題である。
   CHECK □ revolutionary「革命的な」 □ light bulb「電球」 □ conventional「従来の」 □fluorescent「蛍光性の」

3. **POINT** 全体の流れからして、(B)あるいは(C)が空欄に入ると文が成立しないのはわかるだろう。(A)(D)のどちらかが正解となるはずだ。(A)を入れて意味を考えてみよう。Similarly asは「～と同じように」という意味になるのだろうが、これでは次の文につながらない。(D)のApart from「～とは別に、～の他に」が正解となる。
   CHECK □demand「需要」 □increasingly「ますます」 □acute「激しい」

4. **POINT** Not only～but alsoの構文であることはひと目でわかる。それで安心をして(A)を選んではいけない。否定語Not onlyが文頭にきている。語順の倒置に要注意だ。(B)だけがdid Robert Maxwell～と語順が倒置されている。これが正解となる。倒置といっても(C)(D)のように動詞ownedそのものが前に出てくることはないので、このふたつは正解にはならない。
   CHECK □own「所有する」 □publishing company「出版社」

5. **POINT** この文の主語はinstrumental works、動詞がestablished、この後に目的語がくることになる。worksが主語であるからには、再帰代名詞のhimselfが空欄に入るはずがない。(D)は除外していい。(B)のhisもhis a～という語順になってしまうので、これも不可である。(A)か(C)か。establishには二重目的語を取る用法はないので、正解は(C)のhim asということになる。

CHECK □ Duke Ellington「デューク・エリントン/アメリカ人ジャズピアニスト」□instrumental「器楽の」□establish「地位を確立する」

6.POINT 文脈から判断して、空欄には「ずっと後になるまで」という意味の表現が入りそうである。選択肢を見てみよう。(A)の語順では意味をなさない。(D)のようにlong afterを副詞として動詞の前におくことはまずない。(A)か(C)で悩むところである。ここで再度意味の確認をしてみよう。「ずっと後になるまで」。この日本語をそのまま英語に置き替えると(B)の語順になってしまうが、英語ではuntil long after～となることをここで覚えておこう。

CHECK □ Gautama「ゴータマ/仏教の開祖である釈迦牟尼のこと」□document「証拠書類などで証明する」

7.POINT 問題文にはすでにwithが使われている。withが同じ文のなかで同じような意味で2度使われるのは不自然である。このことから選択肢(B)(C)は除外してもいいことになる。(A)か(D)か。(A)はwhich have～と書き替えることができる。これが正解だ。(D)を入れてしまうと、mastsがsailingすることになってしまう。これでは意味が通じない。

CHECK □dhow「ダウ（帆船）」□craft「船舶」□triangular sails「三角の帆」

8.POINT この問題は少しややこしい。あわてると(B)か(D)を選んでしまうことになる。しかし、このふたつが正解にならないのは空欄に入れて英文を読んでみればすぐにわかる。Many～とthe tankが並列してしまい、両者の関係がよくわからなくなってしまう。(C)を入れると「多くの種類の～なかで」となり、文がつながるようになる。問題文はThe tank is the most significant of the many～のof以下が文頭に出ていると考えればいい。

CHECK □armored「武装した」□vehicle「乗物」□significant「重要な」

9.POINT (A)が入らないのははっきりしている。be動詞が重複してしまうからである。virtuallyの位置が問題を解くカギを握っていることになる。ここでのvirtuallyの意味を考えてみよう。almost「ほとんど」という意味である。これがわかれば正解を見つけることができるのではないか。almost all busesから連想して、virtually all buses？ 実は、これが正解である。

CHECK □rarity「稀なこと」□air-conditioned「エアコンがついている」

10.POINT riskという名詞に対してどのような前置詞を使えばいいかがわかれば正解をみつけるのはたやすい。at、of、inのうちのどれか。at the risk of～「～を賭けて」という熟語を知っていれば、atだ、とピンとくるだろう。答は(A)か(B)のどちらかだ。次のポイントは形容詞greaterの位置である。(B)のようにriskの後にgreaterがくるのは自然な語順とはいえない。(A) at a greater riskが空欄に入れば文がつながるようになる。

CHECK □consumption「消費」□cholesterol「コレステロール」□heart

attack「心臓麻痺」

11.POINT 第一次世界大戦を英語でなんというのか。選択肢が4つ並んでしまうとどの言い方が正しかったのか、悩んでしまうものである。(A)と(D)はなんとなくなじみがない。(B)と(C)のどちらかが正しいのだが…定冠詞のtheがつくかつかないか。果たしてどちらか。(B) World War Oneが正解である。World War Iと書いてあれば悩むことはなかった？

CHECK □ Labor Party「労働党」 □ establish「結成する」 □ opposition「反対、対立」

12.POINT 選択肢には似たような語が並んでいる。文の意味から判断して、ふさわしい語を選ぶしかない。after以下の意味は「〜をローマから追い出した後に」となるようだ。ひとつひとつ動詞の意味を確認していこう。(A) derive「引き出す」、(B) demand「要求する」、(C) develop「発展させる」、(D) drive「追い出す」。これが正解だ。当然のことだが、TOEFLグラマー・セクションでは、語彙の豊富さが大いにモノをいうのである。

CHECK □ at length「ついに」 □ political「政治的」 □ military「軍事的」 □ sole ruler「たったひとりの支配者」

13.POINT 第一のポイントは形容詞smallとenoughの位置である。small enoughがごく自然な語順であることはご存じのとおり。この語順になっているのは(C)と(D)である。次のポイントはsmallを比較級にするかどうか。enoughの意味は「十分に」である。smaller enoughでは「十分により小さい」となり、意味が重複しているような感じになってしまう。enoughの前ではsmallはそのままでかまわないのである。

CHECK □ insect「昆虫」 □ swallow「飲み込む」

14.POINT 同じ品詞の語が並んでいるかどうかに注目する。(A)には名詞、動名詞、形容詞が並んでいる。(D)も形式の統一がなされていない。(B)と(C)には名詞が3つ並んでいるので、どちらかが正解である。決め手は最初の語句である。(C) leaves of yellowこの語順は不自然である。また、具体的な味や香りについて表現する場合には、a bitter taste、a beautiful fragranceのように冠詞のaがつく。したがって、(B)が正解となる。

CHECK □ wetland「湿地帯」 □ sweet gale/bog myrtle「ヤチヤナギ」 □ marsh「沼地、湿地」 □ bitter「苦い」 □ fragrance「芳香」

15.POINT 空欄には分詞構文が入る。まずはgenerallyの位置から考えてみよう。locatedは動詞の過去分詞である。副詞のgenerallyは動詞の前に置くのが自然である。その後の語順はどうか。justをどこに置けばいいか。「クラッチのちょうど後ろ」という意味にするにはjust behindとすべきである。これで語順がはっきりした。(D)のGenerally located just behind 〜が正解となる。文頭のBeingが省略されていることはいうまでもない。

CHECK □clutch「クラッチ」□ratio「割合、率」

● Part B ●　Questions 1 6 - 4 0　解説

16.POINT 注意して問題文を読まないと、間違いの箇所を見逃してしまう。動詞が3つ並んでいることに注目してほしい。cut、reduced、そしてincreasedである。しかし、下線部(C)の動詞の前には名詞defenseが入っている。本文の主語はReaganであるはずだ。実は、この語順が間違っていたのだ。increased defense spendingこの語順にすれば、文がつながるようになる。
　CHECK　□ federal「連邦の」□ welfare「福祉」□ reduce「減らす」□ borrowing「借用」

17.POINT やはり気になるのはbefore以下だろう。beforeを接続詞と見るならば、関係代名詞が余分であることになる。しかし、このbeforeは前置詞なので、関係代名詞whoがEliotの後に続いても問題はない。では間違いはどこにあるのか。文頭をもう一度見直してほしい。「詩人であるMarianne Mooreは」というときに前置詞のofは不要である。ofが余分であったのだ。
　CHECK　□ Marianne Moore「マリアン・ムーア／アメリカの詩人」□ less than ～「～より少ない」□T.S. Elliot「エリオット／イギリスの詩人」

18.POINT it was clear that ～には問題はない。(C)のthoughはどうだろう。文脈から判断してこの接続詞の用法は間違っていないようだ。残るは(D)だけである。destinyのどこが間違っているのか。he was以下の意味は「彼は～に運命づけられていた」となるはずである。この意味にするにはhe was destined for ～としなければならない。
　CHECK　□ Hubert Humphrey「ヒューバート・ハンフリー／アメリカの政治家」□guess「推測する」□Vice Presidency「副大統領の職」

19.POINT かなり難しい問題である。下線部を順にチェックしていこう。at firstおよびwent on to becomeにはこれといって間違いがないようだ。(D)を見てみよう。innovatorなにかおかしいような気もするが…もう一度他の下線部を調べてみる。間違いはない。やはりinnovatorがおかしいようだ。文の流れはone of the boldest and most～となっている。mostの後には当然形容詞がくるはずだ。しかし、innovatorと名詞になっている。innovativeと形容詞にしなければ文法的におかしいことになる。
　CHECK　□ Jackson Pollock「ジャクソン・ポロック／アメリカの画家」□dismiss「放逐する」□bold「大胆な」□innovative「革新的な」

20.POINT 問題文は分詞構文ではじまっている。しかも完了形である。Having announce～完了形のはずだが、過去分詞がない。announcedのdが落ちていた

156

のである。うっかりすると、見落としてしまいそうな間違いである。(D)の代名詞themも気になる箇所であるが、themはtenetsを指しているので問題はない。

CHECK □ announce「公表する」□ tenet「主義」□ policy「政策」□ carry ～ out「～を実行する」

21.**POINT** 問題文を読めばすぐにおかしい箇所に気づくはずである。seeks to off split ～この流れがどうも不自然である。offをsplitの前に出す必要があるのだろうか。文脈からも、offが前置された理由は見当たらない。やはりここはto split offと通常の語順にすべきである。

CHECK □ separatist「分離主義者」□ seek「追求する」□ split off「分離する」□ province「州」

22.**POINT** まずfromが気になる。ofではないかと思うかもしれない。しかし、fromで意味が通じないわけではない。次のlivestocksはどうか。可算名詞か不可算名詞かがはっきりすれば、問題が解決するのだが。livestockは「家畜」を意味する不可算名詞である。この機会に覚えておこう。したがって、livestockのsが間違っていたことになる。

CHECK □ urine「尿」□ groundwater「地下水」□ pollution「汚染」

23.**POINT** 出だしのThe world firstで引っかかる。The first worldではないかと疑いをもつ。しかし、firstに下線が引かれていない。なにかはっきりしない。とりあえずは、他の下線部をチェックしてみよう。疑わしいのはatomic-poweredぐらいである。(A)か(B)のどちらかが間違いのはずだが、もう一度The worldの箇所を見てみよう。「世界最初の」という意味にするには…The world's firstとなるはずでる。やはり(A)が間違っていたのだ。

CHECK □ atomic-powered「原子力の」□ submarine「潜水艦」□ launch「進水させる」

24.**POINT** 出だしの前置詞句に問題はない。次の下線部はどうか。the sun its energyは明らかに語順がおかしい。この箇所が間違いであることはすぐに気づくはずである。では、どのように誤りを訂正したらいいだろうか。この部分では「太陽エネルギー」という意味を表している。可能性としてはthe energy of the sun、the sun's energyあるいはsunを形容詞にしてthe solar energyが考えられるだろう。

CHECK □ photosynthesis「光合成」□ oxygen「酸素」□ hydrogen「水素」

25.**POINT** この問題は辞書がないと答えられないかもしれない。問題文を何度読んでも間違いが見当たらない。(A)can be eatenこの受け身に間違いはない。no以下は単数なので(B)there isにも問題はない。(C)ふたつの物を区別するのであるからbetween ～andとなって当然である。残るは(D)eatableである。辞書でじっくり調べてほしい。eatableには「食用」という意味もあるが、

157

「(おいしく)食べられる」というニュアンスが含まれている。この場合にはedible「(毒がないので)食べられる」を用いるのがふさわしい。
CHECK □ deadly「致命的」□ infallible「絶対に正しい」□ distinguish「区別する」

26.**POINT** 問題文はas〜as構文である。なんの気なしに文を読んでしまうと間違いの箇所を素通りしてしまう可能性がある。(B)をチェックしてほしい。as〜as構文であるにもかかわらずsuchが入っている。このsuchはどうみても余分である。(D)のofが多少気になるかもしれない。land animals of todayで「現在の陸地動物」という意味になるので問題はない。
CHECK □ dinosaurs「恐竜」□ varied「いろいろある」□ appearance「外観」

27.**POINT** (A)のpopular beliefには冠詞は必要ない。the compassが主語、points to〜が動詞。(B)にも問題はない。(C) distancesのsが気になる。またまた、可算名詞か不可算名詞で悩むことになる。「距離」という意味からして不可算名詞であると予想がつく。(C)が間違いである。(D) polesのsはnorthとsouthの両方ということなのでそのままでいい。
CHECK □ compass「羅針盤」□ point to〜「〜の方向を指す」
　　　　 □ geographical「地理的な」□ pole「極」

28.**POINT** それほど難しい問題ではない。まずof the airがin the airではないかと疑問をもつかもしれない。of the airで問題はない。接続詞のbutの用法はどうか。前後の流れからして「〜だが」という意味になるので、これも合っている。最後のmore thanはどうか。この部分の意味をよく考えてほしい。「いくつかある方法のなかで、relative humidityがもっとも広く使われている」となるはずである。more thanをmostとすればこの意味になる。
CHECK □ express「表す」□ humidity「湿度」□ relative「相対的な」

29.**POINT** 前半にmore thanがあることから(B)のbetter thanがおかしいようにも思えるが、この部分はfeedにかかる副詞であるので問題はない。次にandである。別におかしいところはない? 前半に出ていたnot onlyを見逃してもらっては困る。not onlyがあるからにはbut (also)が続くはずである。問題がないように見えたandが間違っていたのである。
CHECK □ million「100万」□ billions worth of〜「10億人分の」

30.**POINT** まずはconsists ofの用法。問題はない。次にseveral of themesである。themesの前に定冠詞があるのならseveral of the themesという表現も可能だが、下線部にはtheがない。ここはseveral themesと表現すべきところである。(C)の関係代名詞に続くare repeated、(D)の前置詞in〜ing(動名詞)にはもちろん間違いはない。
CHECK □ symphony「交響曲」□ consist of〜「〜から構成されている」
　　　　 □ composition「楽曲」

31. **POINT** 接続詞thatの後のthe moreに着目しよう。その先にさらにmoreが出てくる。しかし、moreの後にtheがきている。この語順は明らかにおかしい。more theをthe moreとすればthe more～, the more...（～すればするほど、ますます…だ）の比較構文ができあがることになる。
    CHECK □ preschool「就学前の」 □ indicate「示す」 □ united「まとまっている」 □ initially「最初に」 □ aggressive「攻撃的な」 □ outsider「部外者」
32. **POINT** 動詞の用法が問題のポイントとなっている。こういえば、どこに間違いがあるのかすぐに気づくはずである。requireの用法を確認しておこう。require ～ to＋動詞、これが基本のパターンである。したがって、問題文の後半は、require blood from donors to be testedとしなくてはならない。(D)のtestedの前にto beを入れなければ文法的な文とはいえないのである。
    CHECK □ blood-borne「血液によってもたらされる」 □ AIDS「エイズ」 □ hepatitis「肝炎」 □ donor「血液提供者」
33. **POINT** まずは強調構文である。it is ～who ～ この箇所に間違いはない。次のas mothersはどうか。asの用法がはっきりしない。(D)のparticularlyの用法には問題はなさそうなので、このasが間違っているようだ。では、asをなにに替えたら文法的になるだろうか。withが答である。with mothers beingとすれば、「母親は～であるが」という情報をさらに付け加えることができる。
    CHECK □ socializing「社会生活に適合させるようにする」 □ particularly「特に」 □ influential「影響力がある」
34. **POINT** この問題も、よほど注意をしていないと間違いの箇所を見逃してしまうだろう。下線部を順にチェックしていこう。between ～andには問題はない。involvesの主語はTelepathyである。sがつくのが当然だ。receivingは前のsendingと同じ動名詞になっている。形式が統一されている。消去法でいけば、(D)が間違っているということになる。thoughtのなにが間違っているのか。thinkingにする？ いや、違う。messages、feelingsに合わせてthoughtsと複数形にすればいいのである。
    CHECK □ telepathy「テレパシー」 □ involve「含む」 □ unknown「未知の」
35. **POINT** まず下線部(A)のalmostをチェックしてみよう。almost engineersとすぐ後に名詞が続いている。同じような問題が以前にも出てきたはずだ。答はすぐにわかるだろう。almostを使うのなら、almost all～としなければならない。ここではalmostの代わりにmostを使えば文の意味がはっきりするようになる。(B)も気になるところだが、the United Statesはひとつの国なので、leadsと三人称・単数・現在のsがついているのである。
    CHECK □ survey「調査」 □ lead「～にまさる」 □ nine out of 12 high-technology「12のハイテク分野のうち9の分野で」
36. **POINT** 短い文である。まず、意味の確認をしておこう。文意は「表面的に

は、ハウエルズとジェームズにはほとんど類似点がない」となるはずである。(A) Superficially この副詞の用法に問題はない。(B) の are が正しいことは次の few を見ればわかる。(C) はどうか。similar の品詞は形容詞である。このままでは few と結びつかない。similarities と名詞形にしなければならない。(D) は between 〜 and から間違っていないことはすぐにわかる。

CHECK □ superficially「表面的には」□ similarity「類似点」□ William Howells「ウィリアム・ハウエルズ／アメリカの小説家」□ Henry James「ヘンリー・ジェームズ／イギリスの小説家」

37. **POINT** 下線部(A)のSettlingは動名詞で、この文の主語となっている。次に(B)の語順を見てみよう。dangerousが形容詞、immenselyが副詞である。この語順は文法的ではない。この場合にはimmensely dangerousとすれば文の流れがよくなる。(C)の前置詞toおよび(D)のin the eighteenth 序数詞の用法には問題はない。

CHECK □ settle on「住みつく」□ immensely「非常に」□ immigrant「移住者」

38. **POINT** まずoverの使い方が気になる。overには「〜に渡って」という期間を表す用法があるので気にすることはない。次のthe roleがof the catに 続くので、特に問題はないようだ。has been controllingこの部分がおかしい。なぜか。すぐその後にhas changedと動詞が出てくるからである。ここはhas beenを削除してthe cat controlling ratsとしなければ文が成立しなくなる。もちろんcontrolling 〜はthe catを修飾する分詞である。

CHECK □ hypothesize「仮説をたてる」□ course「経過・流れ」□ role「役割」□ dramatically「劇的に」

39. **POINT** 選択肢をチェックしていく。just、three kinds特に問題はない。cuisineが少し気にかかる。複数形にすべきか？ cuisineは不可算名詞である。このままでいい。関係代名詞の後のtasteは、three kindsを受けているのでsをつける必要はない。残るは(D)のwellだけである。このwell一見すると合っているようにも思える。tastesの後にくるのなら形容詞のはずだが…well は副詞である。goodとしなければならない。

CHECK □ cuisine「料理」□ taste「〜の味がする」□ extremely「とても」

40. **POINT** 出だしのFirstに注目してほしい。文をFirstではじめると、「まず第一に」というニュアンスになってしまう。この文の意味は「はじめて〜した」となるようである。したがって、firstはdevelopedの前に置くのが最も自然である。(C)のas early asも気になる箇所だが、この意味は「1838年という（かなり）早い時期に」となり、間違いではない。

CHECK □ natural selection「自然淘汰」□ publish「公表する」

仕上げのテストで成果をチェック

FINAL TEST を受けるにあたって
FINAL TEST
Final Checkpoints

Chapter 4

FINAL TESTを受けるにあたって

　4回分のPractice Testを通じて、グラマー・セクションの出題傾向が十分に把握でき、問題を解くリズムがつかめたのではないだろうか。さあ、FINAL TESTで最終チェックをするときがやってきた。Part A、Bそれぞれ10のキーワードを再度確認した上で、FINAL TESTにチャレンジしてみよう。

● キーワード ●

Part A
1．主語・動詞
2．主語を補足する句・節
3．接続詞
4．関係詞
5．語順
6．比較
7．形式の統一
8．分詞構文
9．省略
10．動詞の用法

Part B
1．余分な語
2．呼応と対応
3．動詞の時制と用法
4．品詞
5．形式の統一
6．比較
7．接続詞・関係詞
8．語順
9．単数・複数・冠詞
10．イディオム

● 受験上の注意 ●

(1) 濃いめの鉛筆を用意する。
(2) 巻末の解答用紙（Answer Sheet）を切り取って使用する（コピーをしてもよい）。
(3) 途中で邪魔が入らないように注意する。
(4) 問題形式は以下のとおり。
　　Part A　問題文の空欄に入れるのに最もふさわしい語（句）を4つの選択肢の中からひとつ選ぶ。（15問）
　　Part B　問題文の下線部（A～D）の中から誤りを1カ所指摘する。（25問）
(5) 与えられた時間は25分である。途中で休憩をとってはいけない。
　　準備はいいだろうか。では、はじめよう。

FINAL TEST

SECTION 2
STRUCTURE AND WRITTEN EXPRESSION
Time - 25 minutes

This section is designed to measure your ability to recognize language that is appropriate for standard written English. There are two types of questions in this section, with special directions for each type.

Part A

Directions: Questions 1-15 are incomplete sentences. Beneath each sentence you will see four words or phrases, marked (A), (B), (C), and (D). Choose the one word or phrase that best completes the sentence. Then, on your answer sheet, find the number of the question and fill in the space that corresponds to the letter of the answer you have chosen. Fill in the space so that the letter inside the oval cannot be seen.

Example 1

Sample Answer

The recognition of the importance of Henry James ········ literary figure did not emerge in America until after the first World War.
(A) for a
(B) to a
(C) as a
(D) from a

In English, the sentence should read, "The recognition of the importance of Henry James as a literary figure did not emerge in America until after the first World War." Therefore, you should choose answer (C).

Go on to the next page ▶ 163

Example 2   Sample Answer

        ········ that the pneumatic tire was invented.   ● Ⓑ Ⓒ Ⓓ

    (A) It was in 1878
    (B) In 1878 it was
    (C) 1878 was when
    (D) When in 1878

In English, the sentence should read, "It was in 1878 that the pneumatic tire was invented." Therefore, you should choose answer (A).
Now begin work on the questions.

1. One reason for the popularity of tea is that it contains alkaloid caffeine, ········ a mild stimulant.
   (A) which it is
   (B) is which
   (C) which is
   (D) it being

2. Man's difficulty in accepting death as final ········ in the universal theme of a world after death.
   (A) reflects
   (B) is reflected
   (C) are reflected
   (D) will have been reflected

3. Brass is an alloy of copper and zinc, ········ other elements may be added for special uses.
   (A) but
   (B) also
   (C) that
   (D) whenever

4. Microchips ········ contain an entire microprocessor with the capabilities of a small computer.
   (A) have been developed that
   (B) have been developed
   (C) the development of which
   (D) which are developed

5. ········, a grain product usually derived from barley, is used in the manufacture of beer.
   (A) Malt is
   (B) Malt
   (C) When malt
   (D) It is malt

6. Freshwater fish are not as abundant in the Northern Hemisphere ········ they once were.
   (A) while
   (B) as
   (C) because
   (D) since

7. No matter ········ quality of food is, it can still become a danger to health if it is not properly handled.
   (A) how high the
   (B) the higher
   (C) how highest the
   (D) the highest

8. White blood cells help defend the body from infection by ingesting foreign materials and ·········.
   (A) to provide antibodies
   (B) provides antibodies
   (C) are providing antibodies
   (D) by providing antibodies

9. Personal computers, ········, provide education and entertainment.
   (A) they are often used in the home
   (B) being used in the home
   (C) that have been often used in the home
   (D) often used in the home

10. ········ at times, the grizzly bear is generally a peaceful animal.
    (A) Despite ferocious
    (B) It is ferocious
    (C) Though ferocious
    (D) When it is ferocious

11. Although we know little about it, navigation in the China Sea 2,500 years ago ········effective in some ways than that of 16th century Spaniards and Portuguese.
    (A) have been more
    (B) may have been more
    (C) may be more
    (D) will be more

12. Steam is a vapor produced by heating water ········ it changes from a liquid to a gaseous state.
    (A) after
    (B) as
    (C) before
    (D) until

13. Not until the end of World War II ········.
    (A) the potential of the tape recorder was fully realized.
    (B) fully realized was the potential of the tape recorder.
    (C) was the potential of the tape recorder fully realized.
    (D) was fully realized the potential of the tape recorder.

14. The Smithsonian Museum in Washington is one of the largest, most extensive, and ········ museums in the world.
    (A) fine
    (B) finer
    (C) as fine
    (D) finest

15. Being closely related to Norwegian and Danish, ········.
    (A) Swedish can be understood by most Scandinavians.
    (B) Scandinavians know how to speak Swedish.
    (C) most Scandinavians can understand Swedish.
    (D) it is understandable for Swedish to be known by Scandinavians.

Go on to the next page

Part B

Directions: In questions 16-40 each sentence has four underlined words or phrases. The four underlined parts of the sentence are marked (A), (B), (C), and (D). Identify the one underlined word or phrase that must be changed in order for the sentence to be grammatically correct. Then, on your answer sheet, find the number of the question and fill in the space that corresponds to the letter of the answer you have chosen.

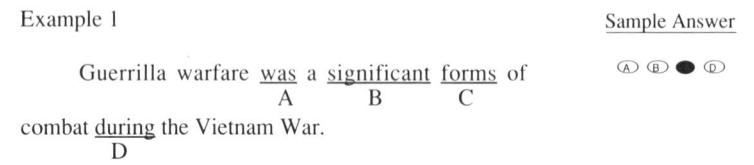

Example 1

    Guerrilla warfare <u>was</u> a <u>significant</u> <u>forms</u> of
                      A   B   C
combat <u>during</u> the Vietnam War.
        D

Sample Answer

Ⓐ Ⓑ ● Ⓓ

The word <u>forms</u> is incorrect, as the subject, guerrilla warfare, is singular. Since this word should be corrected to read <u>form</u>, the answer to this example is (C).

Example 2

    Obesity <u>is</u> not <u>the result of</u> <u>consuming</u> too <u>much</u>
             A   B   C   D
carbohydrates.

Sample Answer

Ⓐ Ⓑ Ⓒ ●

Answer (D), the underlined word <u>much</u>, would not be acceptable in carefully written English; <u>many</u> should be used because the object, carbohydrates, is a countable noun. Therefore, you should choose answer (D).

Now begin work on the questions.

16. The <u>act first</u> of Miller's "Death of a Salesman," <u>establishes</u> the setting of the play
         A   B
    <u>and</u> introduces the major conflicts and themes <u>that follow</u>.
     C   D

17. Modern urban planning <u>tries to</u> <u>take into</u> account both the convenience <u>in</u> the
                                     A   B   C
    citizens and the needs <u>of</u> business.
                                D

18. Austria <u>is one of</u> the <u>landlocked countries</u> of Europe, <u>and so</u> <u>does</u> Switzerland.
             A   B   C   D

19. Perhaps no style of painting <u>was</u> <u>most</u> criticized <u>at its inception</u> and more
                                  A   B   C
    admired at its <u>peak of popularity</u> than Impressionism.
                        D

20. The first concentrated source <u>of</u> sweetness available <u>to</u> early people probably
                                 A   B
    was honey, which was prized both <u>as</u> a food <u>or</u> a medicine.
                                    C   D

21. <u>Much</u> of the significant <u>land features</u> <u>of</u> North America are <u>due to</u> glaciers.
        A   B   C   D

22. To be <u>fully effective</u> citizens we need <u>to be able to</u> think <u>good</u> and
               A   B   C
    <u>question wisely</u>.
        D

23. <u>Regardless of</u> whether or not <u>one</u> is experiencing tooth pain, <u>twice-a-year</u>
          A   B   C
    examinations by a dentist <u>is</u> highly recommended.
                                    D

Go on to the next page

24. In many states, the monthly payment to single mothers with dependent children
        A   B
    is not sufficient enough for them to lead a decent life.
            C   D

25. Protons, which are heavier than electrons, are binded tightly to the center of
               A   B   C   D
    atoms.

26. For many years the Eiffel Tower was the most highest structure in the world.
       A   B   C   D

27. Eden was a region which described in the Bible as the place where God created
          A   B   C   D
    a garden for Adam and Eve.

28. Asthma, a disorder that affects respiration, can develop at any time in life, but it
                         A   B
    most commonly appeared between the ages of five and ten.
                     C   D

29. The fairy tales of the Danish writer, Hans Christian Andersen, have delighted
          A   B   C
    children around all the world.
            D

30. In authoring *Profiles of Courage*, John F. Kennedy had the help of several
         A   B
    researchers and editors, but did the writing of himself.
                          C   D

31. One of the newest national parks, Voyageurs National Park in Minnesota, lays
              A   B
    in the extreme northern portion of the state, next to Canada.
               C   D

32. The heyday of the herb garden came in the 16th century, where wealthy land
    　　　　　　　　　　　　　　　　　A　　　　　　　　　　B
    owners designed intricate herb gardens in imaginative patterns.
    　　　　　C　　　　　　　　　　　　　D

33. The preamble to the UN charter calls for fundamental human rights,
    　　　　　　　A　　　　　　　　B
    dignity of the individual, and men and women are equal.
    　　　C　　　　　　　　　　　D

34. Despite of coming from a rather small country, Flemish composers exerted
    　　　A　　　　　　　　B
    tremendous influence on their counterparts throughout Europe.
    　　　C　　　　　　　　　　　　　　　D

35. The seismic waves of an earthquake are bent when it traverses rock boundaries
    　　　A　　　　　　　　　　　B　　　　　　C
    with different densities.
    　D

36. Along the banks of the Hudson, Dutch immigration settled, creating huge
    　　A　　　　　B　　　　　　　　　C　　　　　　　　D
    estates.

37. To make linen, flax fibers are combed, spin into yarn, and finally woven into
    　A　　　　　　　　　　　　　　　　　B　　　　　　C　　　　　　D
    fabrics.

38. Since 1492, Columbus set out across the Atlantic to discover the continent that
    　　A　　　　　　　　B　　　　　　　　　　　　　　C
    would be known as North America.
    　　　D

39. Libra is the only sign of the zodiac that does not represent living thing.
           A   B   C   D

40. Gamma-ray astronomy, although still in its infancy, it has great potential.
        A   B   C   D

This is the end of the FINAL TEST

Chapter 4

仕上げのテストで成果をチェック

FINAL TEST 解答

Part A 【解答：Questions 1 - 15】

1. C	2. B	3. A	4. A	5. B	6. B	7. A	8. D	9. D	10.C
11.B	12.D	13.C	14.D	15.A					

Part B 【解答：Questions 16 - 40】

16.A	17.C	18.D	19.B	20.D	21.A	22.C	23.D	24.C	25.C
26.C	27.B	28.C	29.D	30.D	31.B	32.B	33.D	34.A	35.C
36.C	37.B	38.A	39.D	40.C					

FINAL TEST 解説

● Part A ● Questions 1-15 解説

1. **POINT** 選択肢をまず見てみよう。whichが目に入る。関係代名詞が問題のポイントであるようだ。caffeineをどのように修飾しているのかをチェックしてみよう。選択肢(A)はitが余分である。(B)is whichでは意味をなさない。(C)which isと続けば関係代名詞の非制限用法になる。これが正解である。最後の(D) it being～このような語順では前の名詞を修飾することはできない。
   CHECK □popularity「人気」□contain「含む」□alkaloid caffeine「アルカロイド・カフェイン」□stimulant「興奮剤、刺激物」

2. **POINT** 問題文の主語はMan's～finalまでである。当然、空欄には動詞が入ることになる。文意を考えてみよう。文脈から判断して「～は…に反映されている」という意味になるようだ。受け身になっているのは(B)(C)(D)である。主語は単数である。(C)のareはおかしい。また、(D)のように未来完了形にする必要もない。単純に(B) is reflectedとすればよい。
   CHECK □accept「認める、容認する」□universal「普遍的な」□a world after death「死後の世界」

3. **POINT** 空欄の前後は両方とも文である。空欄にはどのような接続詞を入れればよいか。(B)と(C)が適当でないことはすぐにわかる。(A)か(D)のどちらかということになる。文脈から判断すればよい。「真ちゅうは～だが」とすれば文の流れがすっきりする。(A)のbutを選べばよい。
   CHECK □brass「真ちゅう」□alloy「合金」□zinc「亜鉛」□element「成分」□add「付け加える、足す」

4. **POINT** この問題を解くには本来の主語がなんであるのかをしっかりと把握しなければならない。正解は(A)であるが、どのような文構造になっているかわかるだろうか。もともとの文はMicrochips that contain～computer have been developed.であったのだが、あまりに主語が長いためにMicrochips have～that～と関係代名詞以降を後置したのである。that～がMicrochipsを修飾していることに変わりはない。
   CHECK □microchip「マイクロチップ」□microprocessor「マイクロ処理装置」□capability「能力」

5. **POINT** 問題文の動詞部はどれか。is used～である。選択肢(A)と(D)にはbe動詞isがあるので、このふたつは空欄に入ることはない。(C)のWhen maltを入れるとどうなるか。derivedが動詞のようにも見えるが、このderivedは前の

名詞productを修飾する過去分詞である。動詞がなければ(C)は文として成立しない。正解は(B)である。a grain以下をカンマで挿入し、主語であるMaltを補足しているのである。

CHECK □malt「麦芽」□grain「穀物」□be derived from〜「〜から得られる、引き出される」□manufacture「製造」

6．**POINT** not as abundant〜に注目しよう。このasはどのような働きをしているのかを考えてみる必要がある。文の流れを見てみると、「かつてほど豊富ではない」という意味のようだ。ここまで分析できれば、空欄になにが入るかはすぐにわかる。(B)のasを入れてnot as〜asとすればよいのである。

CHECK □freshwater「淡水の」□abundant「豊富な」□the Northern Hemisphere「北半球」

7．**POINT** 出だしのNo matterから次にどのような語がくるかはすぐに察しがつく。(B) the higher、(D) the highestがくることはない。(A)か(C)どちらか。(C)を見てみよう。howの後にhighestがきているではないか。これもおかしい。正解は(A)のhow high the〜である。No matter＋疑問詞のパターンが頭に入っていれば、答は問題を見た瞬間にわかるはずである。

CHECK □quality「質」□properly「適切に」□handle「取り扱う、処理する」

8．**POINT** 白血球がどのようにして体を守ってくれるのか。by以下にその具体的な方法が述べられている。ということは、and以下でも同じような具体例が挙げられていると考えるのが自然である。選択肢の最初の語を順に見てみよう。(D)がby〜ingとなっている。これが正解である。前のby〜ingと同じ形式で統一しているのである。

CHECK □white blood cell「白血球」□infection「感染」□ingest「摂取する」□foreign「異質の」□provide「供給する」□antibody「抗体」

9．**POINT** 文の主語と動詞の間にカンマがあり、そこが空欄になっている。どうも空欄には挿入語句が入り、前のcomputersを修飾することになるようだ。選択肢を順に見てみよう。(A)はthey areとなっている。これでは主語と動詞が重複してしまう。(B)はbeingの働きがはっきりしない。(C)はどうか。関係代名詞thatの前にカンマがあるのはおかしい。(D) (which are) often used in the homeが入れば文が成立することになる。

CHECK □education「教育」□entertainment「娯楽」

10．**POINT** ひとつずつ選択肢を空欄に入れながら意味がとおるかどうかチェックしていこう。(A) Despiteは前置詞。その後には名詞がくるはずだが、ferociousの後には副詞at timesが続いている。これは文法的におかしい。(B) It isで文をはじめてしまうと、次の文the grizzly bearがつながらなくなる。(C)か(D)か。文意を考えてみよう。「ときには〜であるが」という意味のようだ。正解は(C)である。Though it is ferociousのit isが省略されているのであ

176

る。
　CHECK □ferocious「獰猛な」□grizzly bear「灰色熊」□generally「一般的に」□peaceful「温和な、静かな」

11.**POINT** 選択肢から動詞と比較構文が問題のポイントになっていることがわかる。navigation以下の文を見てみよう。more～thanを使って2500年前のことと16世紀のことを比較している。つまり「過去のこと」を比較しているわけだ。これが問題を解くカギを握っている。文意はおそらく「～は…より有効であったかもしれない」となるはずである。答は(B)のmay have beenということになる。
　CHECK □navigation「航海術」□effective「有効な」□Spaniards「スペイン人」□Portuguese「ポルトガル人」

12.**POINT** 接続詞の問題である。水蒸気はどのようにしてできるのか。by以下でそれを説明している。heating water「水を熱する」わけだが、どのような状態になるまで熱すればよいのか。この「～まで」に気がつけば問題は解決する。untilが答である。produced以下がvaporを修飾していることにも注意してほしい。
　CHECK □vapor「蒸気」□liquid「液体の」□gaseous「気体の」□state「状態」

13.**POINT** 否定語が文頭にきているときには、語順倒置に要注意だ。Not until ～で問題文ははじまっている。空欄に入る文はかなり長いが、否定の倒置という手がかりがあるので、答を見つけるのにはそれほど時間はかからないはずだ。選択肢の文のうちで倒置されている文はどれか。選択肢の文はすべて受け身になっている。その場合はbe動詞＋主語＋過去分詞という語順になっているはずである。選択肢を見る。その語順になっているのは(C)である。
　CHECK □potential「潜在能力」□fully「完全に」□realize「理解する」

14.**POINT** fineをどのように変化させればよいかが問題のポイントになっている。空欄の前を注意して読めば、すぐに正解を見つけることができる。the largest, most extensive と続いている。空欄には当然、形容詞の最上級形が続くことになる。答は(D) finestである。
　CHECK □Smithsonian Museum「スミソニアン博物館」□extensive「大規模な」□finest「素晴らしい、立派な」

15.**POINT** 分詞構文であることはすぐに察しがつく。しかし、その後にどのような文が続くのかを見つけるには少し時間がかかるかもしれない。英文がBeingではじまっているからには、主節の文と主語が同じということになる。Being～この文の主語がなんであるかがわかれば、正解を見つけることができるはずだ。Norwegian、Danish両方とも言語名である。主語には当然もうひとつの言語名がくることになる。Scandinaviansはsがついていることから

「北欧人」という意味であることがわかる。したがって、Swedishではじまっている(A)が正解となる。

CHECK □be closely related to「密接に関係がある」□Norwegian「ノルウェー語」□Danish「デンマーク語」□Scandinavians「北欧人」

● Part B ● Questions 16-40 解説

16.POINT 問題文を読む。出だしのact firstですぐに引っかかる。この語順がどうもなじまない。「第一幕」という意味を表すにはfirst actとすべきではないかと疑問が残る。念のため、他の箇所もチェックしておこう。(B)(C)ともに問題はない。(D)もthat follow「その後に続く」という意味になるので間違いではない。やはり、(A) act firstの語順が間違っていたのである。
CHECK □Miller「アーサー・ミラー／アメリカの劇作家」□establish「（基礎）を作る、確立する」

17.POINT 下線部(A)には間違いはない。(B)のtake into accountの語順はどうか。目的語が長いため後置されていると考えればこの語順でよい。(C)と(D)は前置詞である。どちらかの用法が間違っていることになる。(C)のinがどうもあやしい。意味を考えてみよう。文脈からして「市民にとっての（ための）便利さ」という意味になるはずである。inをforにしなければその意味にはならない。
CHECK □Modern urban planning「現代の都市計画」□take～into account「～を考慮に入れる」

18.POINT 選択肢(A)(B)には誤りはない。and以下を見てみよう。and so does Switzerlandとなっている。一見間違いはないように見える。しかし、(C)か(D)のどちらかが文法的におかしいのである。doesに注意してほしい。このdoesは前に出ている動詞を受けているはずである。文をもう一度見直してみよう。Austria is～となっている。doesをisに替えて、and so is～とすれば正しい文になる。
CHECK □landlocked「陸地に囲まれている」

19.POINT andの前まで読んでみる。特に間違いはないようだ。後半はどうか。more～thanの比較構文になっている。mostとmoreの両方が使われているのは妙である。比較されているのはno style of paintingとImpressionismである。「印象派ほど～なものはなかった」という意味ならば、mostはmoreにしなければならないはずである。and以下の文が続いたために前半のmostが間違いということになったのである。
CHECK □criticize「批評する」□inception「初め」□admire「賞賛する」□peak「頂点」

20.POINT うっかりすると見逃してしまいそうな間違いである。落ちついて問題文を読めば、どこがおかしいかわかるだろう。文の後半にbothがある。その部分をよく見てほしい。asに惑わされてはならない。was prized as～となるところが、asの後にふたつの名詞が続くのでboth as～となっているのである。

bothがくればその後には当然 orではなくandがくるはずである。
CHECK □concentrated「濃縮された」□sweetness「甘さ」□available「利用できる、手に入る」□prize「重んずる、大切にする」

21.**POINT** 短い文である。主部はMuch of〜となっている。それに続くbe動詞がareである。どちらかが間違っているはずだ。よく問題文を見てみよう。Muchが受けているのはfeaturesである。これは可算名詞である。Muchではおかしい。Manyとしなければならない。Manyならばbe動詞はareとなるのは当然である。
CHECK □significant「重要な」□feature「特徴」□due to「〜に帰すべき、〜のせいである」□glacier「氷河」

22.**POINT** 問題文を一読する。黙読して変な箇所はなかった。think good and question wiselyをもう一度読んでみよう。wiselyは副詞である。しかし、goodは形容詞である。このgoodは前のthinkにかかっているはずである。形容詞では動詞を修飾できない。ではどのような語に変えればよいのか。答はwellである。
CHECK □fully「十分に」□effective「有能な」□wisely「賢明に」

23.**POINT** まずRegardless ofおよびoneの用法を疑ってみる。両方とも問題はない。twice-a-yearはどうか。「2年に一度」という意味の形容詞である。残るは最後のisである。dentistに気を取られると、isでよいことになってしまう。この文の主語はなにかを考えてみてほしい。examinationsである。isはareでなくてはおかしいことになる。
CHECK □regardless of〜「〜にもかかわらず」□experience「経験する」□tooth pain「歯痛」□recommend「すすめる」

24.**POINT** TOEFLの出題パターンが頭に入っていれば解けるはずだが、問題としてはかなり手ごわい。問題を繰り返し読んでほしい。間違いがない？　ヒントを出そう。〔ヒント〕冗長性。これでピンときたのではないか。選択肢(C)をもう一度見てみよう。sufficient enough音読すると間違っていないような気がするかもしれない。意味を考えてみると、どうだろう。両方とも「十分な」という意味だ。同じような意味の語が繰り返されているのはたしかにおかしい。enoughだけで十分意味は通じるのである。
CHECK □payment「支払い」□single「未婚の」□dependent「扶養されている」□decent「まともな」

25.**POINT** 問題文の主語はProtonsである。which以下は関係代名詞の非制限用法。比較構文にも間違いはない。選択肢(C)のare bindedはどうだろう。bindの過去分詞形はbinded... なにかおかしくないか。bindの活用は、bind-bound-boundのはずである。動詞の活用に関する基本的な問題だが、うっかりすると、見すごしてしまうことがあるので注意が必要である。

CHECK □proton「陽子」 □electron「電子」 □bind「結びつける」 □tightly「しっかりと」 □atom「原子」

26.POINT Eifell Towerにtheがつくかどうかがまず気になるところである。公共施設である建物や塔などには定冠詞がつくことを覚えているだろうか。例を挙げておこう。the Tokyo Tower、the Empire State Buildingなど。したがって(B)には問題がないことになる。次の下線部the most highestはどうか。あわてなければすぐに気がつく誤りである。mostと〜estが同時に使われることはない。この場合は、mostが余分である。

CHECK □the Eiffel Tower「エッフェル塔」 □structure「建造物」

27.POINT 下線部を順に見ていこう。(A)このwasに問題はない。(B)which describedはどうだろう。この部分を見るかぎり、関係代名詞の用法に誤りはないようだが。in the Bibleと続くとなると、やはりおかしい。意味は「〜に記述されている」となるはずだ。which以下は受け身の文にしなくてはいけない。あるいは、whichを取ってしまうという方法もある。(C)のasはbe described as 〜としてつながることになる。最後のcreatedには、もちろん、問題はない。

CHECK □Eden「エデンの園」 □region「地域」 □describe「記述する」

28.POINT a disorderからrespirationまでは、Asthmaを補足するための挿入節である。affectsの用法に問題はない。at any timeは「いつでも」という意味の副詞である。次のappearedはどうだろう。なぜ過去形になっているのか。affectsもcan developも現在形である。appearだけが過去形になっているのはおかしい。過去分詞ということなら話は別だが、どうみても過去分詞ではない。appearsと現在形にしなくてはならない。

CHECK □asthma「喘息」 □disorder「障害、病気」 □affect「害する、冒す」 □respiration「呼吸」 □develop「（病気の症状が）出る、現れる」

29.POINT 問題文の出だしの部分に誤りはない。下線部(C)のhaveが気になるところである。Andersenからhasになるのではないかと早とちりをしてはまずい。この文の主語はThe fairy talesである。haveに問題はない。残るは(D)だ。around all the worldなにか語呂がよくない。もう一度読み直してみよう。やはりおかしい。正しい語順はall around the worldである。

CHECK □fairy tale「おとぎ話」 □Hans Christian Andersen「アンデルセン／デンマークの童話作家」 □delight「よろこばせる」

30.POINT authoring、had the help ofともに問題はなさそうだ。(C)のbut didがどうもしっくりこない。did the writingとはどういうことか。「書くことをした→書いた」ということである。間違いではないようだ。最後のof himself、これはどういう意味か。文の流れからして「自分自身で書いた」となるはずである。of himselfはby himselfとしなくてはならない。

CHECK □author「著す」□*Profiles of Courage*「勇気ある人々（ケネディー大統領の著書）」□researcher「研究者」□editor「編集者」

31.POINT 問題文の基本構造を見てみよう。One ofからMinnesotaまでが主部で、laysが動詞。in the以下は場所を表す前置詞句ということになる。さあ、間違いのある箇所はどれか。一読して、変だな、と思う箇所はlaysである。文意からすると、ここには「ある、位置している」という意味の動詞がくるはずだ。layの意味は「置く」、しかも他動詞である。これでは意味が通じない。liesとしなくてはならない。ここで辞書を引いて、lieとlayの基本用法を確認しておくとよいだろう。

CHECK □Voyageurs National Park「ヴォイアジャーズ国立公園」□extreme「一番端の」□portion「部分」

32.POINT 関係副詞がポイントとなった問題である。下線部(B) whereの用法に注目してみよう。whereの先行詞はなにか。前のthe herb gardenにかかっているわけではない。先行詞は直前のthe 16th centuryである。ということは関係副詞whereでは文がつながらないことになる。時を表すwhenを使えば文が成立することになる。

CHECK □heyday「全盛期」□herb garden「ハーブ園」□landowner「地主」□intricate「複雑な」□imaginative「想像的な」

33.POINT 問題文の後半に注目してみよう。calls forの後に名詞句がふたつ並び、さらにand men and women are equalと続いている。最後の文も前のふたつの名詞句同様calls forの目的語になっているはずである。このままでは文のつながりが悪い。では、どうすればよいのか。形式を統一してthe equality of men and womenとすれば問題は解決することになる。〔形式の統一〕に関する問題も頻繁に出題される問題パターンのひとつである。

CHECK □preamble to〜「〜の序文」□call for「求める、必要としている」□fundamental human rights「基本的人権」□dignity「尊厳」

34.POINT TOEFL文法問題の出題傾向を熟知していれば、問題文の出だしを見ただけで答がわかってしまうだろう。Despite of〜を見て、瞬間的におかしいと思ったはずである。Despiteの後に前置詞のofが続くことはまずない。たしかにdespite ofという用法が辞書によっては記述されている場合もあるが、現在ではdespite ofが使われることはまずない。in spite ofとの勘違いをねらった「引っかけ問題」である。

CHECK □despite〜「〜にもかかわらず」□Flemish「フラマン人」□composer「作曲家」□exert tremendous influence on〜「〜に多大な影響をおよぼす」□counterparts「（ヨーロッパの他の国の）作曲家」

35.POINT 問題文の主語はThe seismic waves、それを受ける動詞部はare bentである。ここまでは問題はない。when以下はどうか。このitはなにを指してい

るのか。an earthquakeのはずがない。itはこの文の主語を受けているのは文脈から明らかである。したがって、it traversesはthey traverseでなければならない。代名詞の一致問題である。あわてなければ、まず間違えることはないだろう。

CHECK □seismic waves「地震波」□traverse「横切る」□boundary「境界」□density「密度」

36.POINT この問題はかなり難易度が高い。(A)Alongに問題はない。川の名前にはtheがつくので(B)のthe Hudsonも間違いではない。(C) あるいは(D) のどちらかに間違いがあるはずである。immigrationの意味を考えてみよう。意味は「移住」である。文脈に当てはめてみる。「移住が住みついた？」では流れがおかしい。もう気づいただろうか。immigrants「移住者」を使えばよいのである。(D)のcreatingはand created ～という意味の分詞構文である。

CHECK □the Hudson「ハドソン川」□Dutch「オランダ人の」□estate「財産」

37.POINT 動詞の活用形に注目しよう。問題文は受け身の文である。are combed, spin～, woven ～ひとつだけおかしいものがある。combedとwoven はそれぞれ過去分詞になっている。spinの過去分詞はspin？　いや、spinはspin-spun-spunと活用するはずだ。spinをspunとしなければ受け身の文にはならない。動詞の活用形くらい、と侮ってはいけない。なかには紛らわしいものもある。この機会に、もう一度活用形をチェックしておくとよい。

CHECK □linen「リンネル」□flax fiber「亜麻の繊維」□yarn「編み糸」□weave(woven)「織る」□fabric「布」

38.POINT 問題文はSince ～ではじまっている。1492年以来Columbusはなにをしてきたというのか。動詞をチェックしてみる。set outとなっている。この意味は「出発する」である。「～以来出発した」では文意がつながらない。sinceがどうも不自然である。inに替えてみたらどうか。In 1492 ～これで文の流れがすっきりするようになる。やはりsinceが間違っていたのだ。(D) would be knownは前の動詞が過去形であるのでwouldのままでよい。

CHECK □the Atlantic「大西洋」□continent「大陸」□be known as～「～として知られる」

39.POINT 冠詞にかかわる問題も頻繁に出題される。日本人受験者が苦手とするところである。冠詞に注意しながら問題文を見てみよう。(A) the only signの定冠詞の用法に問題はない。(B)関係代名詞that、(C)動詞representにもおかしいところはない。残るは(D) living thingである。thingは可算名詞である。単数で用いるならば不定冠詞の a がつくはずだ。a living thingとすればいいわけだ。

CHECK □Libra「てんびん座」□zodiac「十二宮一覧図」□represent「表す」

□living「実在の」

40.POINT 問題文の基本構造に着目してみよう。主語はGamma-ray astronomyである。althoughからinfancyは挿入節。次に動詞hasが続くのだが、it hasとなっているではないか。このitの役目はなにか。hasの主語は文頭にある。どう考えてもこのitは余分である。itがなければhas great potentialと文がスムーズに流れることになる。TOEFL頻出の二重主語の問題である。

CHECK □gamma-ray astronomy「ガンマ線天文学」 □infancy「初期(の段階)」 □potential「潜在能力」

FINAL TEST 得点換算表

　FINAL TEST 40問中の正解数をもとに、TOEFLでの予想得点を算出してみよう。ここで用いる換算表は、PRIMARY TEST同様、TOEFL PBT受験経験者の方々の協力によって作成したものである。実際のTOEFLではどれくらいの点数がとれるのか、最終確認をしておこう。

●計算方法●

（1）Part A、Bそれぞれの正解数を合計する。
（2）右の換算表を見て、正解数から換算値を出す。
（3）最小値及び最大値にそれぞれ10を掛ける。これによって得られたふたつの数字の間に、あなたの得点が入ることになる。

【計算例】
　　正解数30の場合
　　・最小値　53×10=530
　　・最大値　56×10=560
　　・予想得点は【530〜560】の間ということになる

（4）上記の計算方法によって得られた数字は、あくまでもグラマー・セクションの実力をもとに割り出した予想得点である。他のセクションの出来いかんでTOEFLの最終得点が上下することはいうまでもない。また、緊張して思うように実力を発揮できないということもあるだろう。このFINAL TESTの得点を下回る可能性も十分にある。実際にTOEFLを受験する際には、心を引き締めて試験に臨むようにしてほしい。

●得点換算表●

正解数	換算値
39〜40	68
36〜38	62〜67
33〜35	57〜61
30〜32	53〜56
27〜29	50〜52
24〜26	47〜49
21〜23	45〜46
18〜20	42〜44
15〜17	39〜41
12〜14	36〜38
9〜11	31〜34
0〜8	31

●あなたの予想得点●

正解数	予想得点
	〜

Final Checkpoints

仕上げの FINAL TEST を受けてみた感想はどうか。これまで練習を積み重ねてきた成果が出ただろうか。まずは、PRIMARY TEST と FINAL TEST のスコアを記入し、正答数にどのくらいの違いが出ているかを見てみよう。

PRIMARY TEST
  Part A ＿／15 問中
  Part B ＿／25 問中
  合計　＿／40 問中

FINAL TEST
  Part A ＿／15 問中
  Part B ＿／25 問中
  合計　＿／40 問中

では、Final Check をしよう。

1. ☐ Part A・B：PRIMARY TEST よりも正答数がかなり増えた。
2. ☐ Part A・B：制限時間以内に問題を終え、見直す余裕があった。
3. ☐ Part A・B：わからない問題にあまり時間をかけないようにし、見直す際に、難しい問題に再度アタックするようになった。
4. ☐ Part A・B：わからない単語があっても、文脈から大体の意味を把握し、問題文の基本的構造を分析するようになった。
5. ☐ Part A・B：パートごとの点数にばらつきがなくなった。
6. ☐ Part A：Part A 15 問を 7 分以内で解けた。
7. ☐ Part A：どれが空欄にはいるのか、まったく予想のつかない問題が少なくなった。
8. ☐ Part A：キーワードに関わる問題は間違えることがほとんどなくなった。
9. ☐ Part B：どれが間違いなのか、まったく予想のつかない問題が少なくなった。
10. ☐ Part B：キーワードに関わる誤りを見逃すことがほとんどなくなった。

どの項目をチェックすることができただろうか。該当する項目数が少なかった場合には、本書のキーワードを見直し、再度 Practice Tests を使って練習するといいだろう。さらに問題演習をしたいという方には、TOEFL の実施母体である ETS 発行の問題集を利用されることをおすすめする。右記は、TOEFL ITP と問題形式が同じ TOEFL PBT に対応した問題集である。文法そのものに関する問題集ではないが、過去に使用された問題が収録されているものもあるので、TOEFL の文法の難易度及び問題傾向を再確認することができるはずだ。

【ETS 発行の問題集】
- *Sample Test, 6th Edition*
  PBT 向けのサンプル問題を集めた問題集。
- *TOEFL Test Preparation Kit, 2nd Edition*
  過去に実施された PBT の 6 回分の試験問題を収録し、練習問題も収録。
- *TOEFL Practice Tests, Volume2*
  主に CBT に対応した問題集だが、4 回分の PBT 試験問題も収録されている。

▼

皆さんの努力が実を結ぶことを祈りながら筆を置くことにする。

Good luck!
著者

PRIMARY TEST Answer Sheet

Be sure to blacken completely the oval that corresponds to your answer choice.
Completely erase errors or stray marks.

CORRECT	WRONG	WRONG	WRONG	WRONG
Ⓐ Ⓑ ● Ⓓ	Ⓐ Ⓑ Ⓒ Ⓓ	Ⓐ Ⓑ ✓ Ⓓ	Ⓐ Ⓑ ✗ Ⓓ	Ⓐ Ⓑ Ⓒ Ⓓ

NAME (Print)

Section 2

1 Ⓐ Ⓑ Ⓒ Ⓓ   9 Ⓐ Ⓑ Ⓒ Ⓓ   17 Ⓐ Ⓑ Ⓒ Ⓓ   25 Ⓐ Ⓑ Ⓒ Ⓓ   33 Ⓐ Ⓑ Ⓒ Ⓓ
2 Ⓐ Ⓑ Ⓒ Ⓓ   10 Ⓐ Ⓑ Ⓒ Ⓓ 18 Ⓐ Ⓑ Ⓒ Ⓓ   26 Ⓐ Ⓑ Ⓒ Ⓓ   34 Ⓐ Ⓑ Ⓒ Ⓓ
3 Ⓐ Ⓑ Ⓒ Ⓓ   11 Ⓐ Ⓑ Ⓒ Ⓓ 19 Ⓐ Ⓑ Ⓒ Ⓓ   27 Ⓐ Ⓑ Ⓒ Ⓓ   35 Ⓐ Ⓑ Ⓒ Ⓓ
4 Ⓐ Ⓑ Ⓒ Ⓓ   12 Ⓐ Ⓑ Ⓒ Ⓓ 20 Ⓐ Ⓑ Ⓒ Ⓓ   28 Ⓐ Ⓑ Ⓒ Ⓓ   36 Ⓐ Ⓑ Ⓒ Ⓓ
5 Ⓐ Ⓑ Ⓒ Ⓓ   13 Ⓐ Ⓑ Ⓒ Ⓓ 21 Ⓐ Ⓑ Ⓒ Ⓓ   29 Ⓐ Ⓑ Ⓒ Ⓓ   37 Ⓐ Ⓑ Ⓒ Ⓓ
6 Ⓐ Ⓑ Ⓒ Ⓓ   14 Ⓐ Ⓑ Ⓒ Ⓓ 22 Ⓐ Ⓑ Ⓒ Ⓓ   30 Ⓐ Ⓑ Ⓒ Ⓓ   38 Ⓐ Ⓑ Ⓒ Ⓓ
7 Ⓐ Ⓑ Ⓒ Ⓓ   15 Ⓐ Ⓑ Ⓒ Ⓓ 23 Ⓐ Ⓑ Ⓒ Ⓓ   31 Ⓐ Ⓑ Ⓒ Ⓓ   39 Ⓐ Ⓑ Ⓒ Ⓓ
8 Ⓐ Ⓑ Ⓒ Ⓓ   16 Ⓐ Ⓑ Ⓒ Ⓓ 24 Ⓐ Ⓑ Ⓒ Ⓓ   32 Ⓐ Ⓑ Ⓒ Ⓓ   40 Ⓐ Ⓑ Ⓒ Ⓓ

FINAL TEST Answer Sheet

Be sure to blacken completely the oval that corresponds to your answer choice.
Completely erase errors or stray marks.

CORRECT	WRONG	WRONG	WRONG	WRONG
Ⓐ Ⓑ ● Ⓓ	Ⓐ Ⓑ Ⓒ Ⓓ	Ⓐ Ⓑ ✓ Ⓓ	Ⓐ Ⓑ ✗ Ⓓ	Ⓐ Ⓑ Ⓒ Ⓓ

NAME (Print)

Section 2

1 Ⓐ Ⓑ Ⓒ Ⓓ   9 Ⓐ Ⓑ Ⓒ Ⓓ   17 Ⓐ Ⓑ Ⓒ Ⓓ   25 Ⓐ Ⓑ Ⓒ Ⓓ   33 Ⓐ Ⓑ Ⓒ Ⓓ
2 Ⓐ Ⓑ Ⓒ Ⓓ   10 Ⓐ Ⓑ Ⓒ Ⓓ 18 Ⓐ Ⓑ Ⓒ Ⓓ   26 Ⓐ Ⓑ Ⓒ Ⓓ   34 Ⓐ Ⓑ Ⓒ Ⓓ
3 Ⓐ Ⓑ Ⓒ Ⓓ   11 Ⓐ Ⓑ Ⓒ Ⓓ 19 Ⓐ Ⓑ Ⓒ Ⓓ   27 Ⓐ Ⓑ Ⓒ Ⓓ   35 Ⓐ Ⓑ Ⓒ Ⓓ
4 Ⓐ Ⓑ Ⓒ Ⓓ   12 Ⓐ Ⓑ Ⓒ Ⓓ 20 Ⓐ Ⓑ Ⓒ Ⓓ   28 Ⓐ Ⓑ Ⓒ Ⓓ   36 Ⓐ Ⓑ Ⓒ Ⓓ
5 Ⓐ Ⓑ Ⓒ Ⓓ   13 Ⓐ Ⓑ Ⓒ Ⓓ 21 Ⓐ Ⓑ Ⓒ Ⓓ   29 Ⓐ Ⓑ Ⓒ Ⓓ   37 Ⓐ Ⓑ Ⓒ Ⓓ
6 Ⓐ Ⓑ Ⓒ Ⓓ   14 Ⓐ Ⓑ Ⓒ Ⓓ 22 Ⓐ Ⓑ Ⓒ Ⓓ   30 Ⓐ Ⓑ Ⓒ Ⓓ   38 Ⓐ Ⓑ Ⓒ Ⓓ
7 Ⓐ Ⓑ Ⓒ Ⓓ   15 Ⓐ Ⓑ Ⓒ Ⓓ 23 Ⓐ Ⓑ Ⓒ Ⓓ   31 Ⓐ Ⓑ Ⓒ Ⓓ   39 Ⓐ Ⓑ Ⓒ Ⓓ
8 Ⓐ Ⓑ Ⓒ Ⓓ   16 Ⓐ Ⓑ Ⓒ Ⓓ 24 Ⓐ Ⓑ Ⓒ Ⓓ   32 Ⓐ Ⓑ Ⓒ Ⓓ   40 Ⓐ Ⓑ Ⓒ Ⓓ

■岩村圭南（いわむら　けいなん）

上智大学卒業後、ミシガン大学大学院留学。修士課程修了（M.A.）英語教授法専攻。上智短期大学助教授を経て、コンテンツ・クリエイターとして独立。現在、NHKラジオ「徹底トレーニング英会話」講師。『岩村圭南の1分間イングリッシュ』シリーズ、『音読で英文法をモノにする本』、『オフィスのオトナ語ぴったり英語フレーズ』(以上、アルク刊)、『英会話レッスンスピーク ベストセレクション』、『岩村式トレーニングブック　リスニング編』(NHK出版刊)、『日常英会話 モノローグ＆ダイアローグ』(共著、ジャパンタイムズ刊) など、著書多数。通信講座『リピーティングマラソン』、『リピーティングマラソン 実践コース』(いずれもアルク) の総合監修も務める。

■ICU TOEFL テスト問題研究会

Michael Kleindl
Jeffrey Sellen　他

TOEFL®テスト ITP 文法完全攻略
2006年5月25日 初版発行
2008年4月21日 第7刷発行
★★★★★★

監修・解説　：岩村圭南
問 題 作 成　：ICU TOEFL テスト問題研究会
発 行 人　：平本照麿
編 集 人　：小枝伸行
編集・DTP　：松岡一郎／小磯勝人／朝日メディアインターナショナル株式会社
装幀・AD　：相澤富貴（DBワークス）
発 行 所　：株式会社アルク
　　　　　　〒168-8611 東京都杉並区永福 2-54-12
　　　　　　留学・キャリア編集部　TEL：03-3323-3801
　　　　　　カスタマーサービス部　TEL：03-3327-1101
印刷・製本　：朝日メディアインターナショナル株式会社

★★★★★★

©Keinan Iwamura　禁無断転載
落丁・乱丁本はお取り替えします
定価はカバーに表示してあります
PC ： 7006098

アルクの
キャラクターです
WOWI
（ウォーウィ）

WOWIは、WORLDWIDEから生まれたアルクのシンボルキャラクターです。温かなふれあいを求める人間の心を象徴する、言わば、地球人のシンボルです。

http://alcom.alc.co.jp/
学んで教える人材育成コミュニティ・サイト

アルク www.alc.co.jp

おすすめ講座 Pick UP!!

1000時間ヒアリングマラソン

海外で通用する。本物の英語力！

1年間で1000時間のヒアリングを目指すアルク人気No.1通信講座。教材は旬の話題で毎月制作。その内容はニュースから映画までバラエティに富んでいて飽きることがありません。とにかく大量に意識して聞き続ける「多聴」と、じっくり正確な内容理解を目指す「精聴」で、海外で通用する「本物の英語力」を身につけませんか。

毎月25日締切　翌月10日スタート
[標準学習期間] 12カ月　　[受講料] 52,290円(税込)

アルクの通信講座は目的・レベルに合わせた充実のラインナップ!!

レベル	入門／初級			中級		上級	
	5級	4級	3級	準2級	2級	準1級	1級
英検	－	－	350点	470点	600点	730点	860点
TOEIC	(iBT)		32点	46点	61点	80点	100点
TOEFL							

聞く力をつけたい
- ヒアリングマラソン・ベーシック kikuzo!　英語聞き取りのコツをつかむ！
- 日常会話へステップアップ。　ヒアリングマラソン中級コース
- 100万人が実感した、人気ナンバーワン講座。　1000時間ヒアリングマラソン

聞く・話す力をつけたい
- 英語用の耳と口を徹底的に鍛える。　リピーティングマラソン
- もっと英語らしく、もっと自由に話したい！　リピーティングマラソン実践コース
- 21種類の通訳トレーニング法で英語力を強化！　通訳トレーニング入門
- 発音できると聞き取れる。　ヒアリング力完成 発音トレーニング

話す力をつけたい
- イングリッシュ キング　1日20分×週3日の新英会話習慣！
- 英語は声に出して覚える！4カ月でこんなに話せる!!　英会話コエダス
- イメージどおりに英語を操る！　英会話コエダス・アドバンス

語彙力文法力をつけたい
- 驚異の定着率で3,000語をマスター。　ボキャビル®マラソンMUST(マスト)
- 英字新聞・英語放送を辞書なしで理解するための3120語　ボキャビル®マラソン・パワーアップコース
- 英語の基礎力をつける！　英文法マラソン

書く力をつけたい
- 3カ月で英文メールに自信が持てる！　ビジネスEメール速習パック ライティングエイド

TOEIC®テストに備えたい
- 改訂版 TOEIC®テスト超入門キット　1日15分、聞くだけで身につく！
- 改訂版 TOEIC®テスト470点入門マラソン　1日30分×週4日の学習で無理なく完走！
- 奪取550点 TOEIC®テスト解答テクニック講座　36の"決めワザ"で得点力アップ！
- 海外出張をこなせる力を養う！　改訂版 TOEIC®テスト650点突破マラソン
- 海外派遣の基準点を目指す！　奪取730点 TOEIC®テスト攻略プログラム
- 目標はノンネイティブ最高レベル！　挑戦900点 TOEIC®テスト攻略プログラム

※各講座のレベルは目安です。

資料のご請求(無料)は下記フリーダイヤルまたはインターネットで

通話料無料のフリーダイヤル
0120-120-800　(24時間受付)
※携帯・PHSからもご利用いただけます。

インターネット　アルク・オンラインショップ
http://shop.alc.co.jp/
講座の詳細をご覧いただけるほか、資料請求もできます。

※ご提供いただく個人情報は、資料の発送および小社からの商品情報をお送りするために利用し、その目的以外での使用はいたしません。

アルク
www.alc.co.jp

TOEFL®テスト完全攻略で海外留学へのパスポートをつかむ

iBT対応 TOEFL®テストを完全攻略！

スピーキングの苦手な日本人にもできる攻略法を伝授
iBT対応 TOEFL®テスト完全攻略 スピーキング
■価格2,310円（税込）／本＋CD

英文理解の基本スキルを完全マスター。こうすれば「わかる」テクニック
TOEFL®テストリーディング・リスニングの解法 基礎編
■価格2,940円（税込）／本＋CD2枚

学習計画からスコア固めまで
iBT対応改訂版 はじめてのTOEFL®テスト完全攻略
価格:1,680円（税込）／本＋CD

実力把握と受験前の総仕上げに最適の1冊
iBT対応 TOEFL®テスト 完全攻略 模試3回分
価格:2,940円（税込）／本＋CD3枚

全セクションで通用する頻出厳選重要単語まるごと800語
TOEFL®テスト完全攻略 英単語（ボキャブラリー）
■価格2,415円（税込）／本＋CD3枚

新テスト対応！ 本番さながらの模試＋高スコア獲得の秘訣を伝授
改訂版 TOEFL®テスト学習法と解法テクニック
■価格 2,625円（税込）／本＋CD-ROM

練習問題で効率よく身につける必須イディオム375
TOEFL®テスト完全攻略 英熟語（イディオム）
■価格2,940円（税込）／本＋CD4枚

解法テクニックの習得と実戦練習を通して、効率よくスコアアップ
iBT対応 TOEFL®テスト完全攻略 ライティング
■価格:2,415円（税込）／本＋CD

TOEFL®ITP（団体受験）テストを完全攻略！

ITP（団体受験）で高スコア獲得を狙う受験者必携の1冊
TOEFL®テスト ITP（団体受験）完全攻略
■価格2,625円（税込）／本＋CD

やればやるだけスコアが伸びるITP文法セクションを徹底攻略
TOEFL®テスト ITP（団体受験）文法完全攻略
■価格2,100円（税込）／本のみ

試験直前の総仕上げに最適なTOEFL ITP模擬テスト集
TOEFL®テスト ITP（団体受験）直前模試
■価格2,730円（税込）／本＋CD2枚

日本人が苦手なTOEFL ITPリスニングセクションを完全攻略
TOEFL®テスト ITP（団体受験）リスニング完全攻略
■価格2,730円（税込）／本＋CD2枚

英文読解にもコツがある！ ITPリーディングセクションを完全攻略
TOEFL®テストITP（団体受験）リーディング完全攻略
■価格2,100円（税込）／本のみ

タイプ別頻出問題450題と重要単語300語収録
TOEFL®ITP 文法基礎講座
■価格:2,100円（税込）／本

お求めはお近くの書店で。書店にない場合は、直接小社までご注文ください。
通話料無料のフリーダイヤル
0120-120-800 （24時間受付）
＊携帯電話、PHSからもご利用いただけます。
＊ご購入金額が3,150円（税込）未満の場合には、発送手数料150円（税込）が加算されます。ご了承ください。

アルク・オンラインショップ
http://shop.alc.co.jp/